LIBERTE-SE

Russ Harris

LIBERTE-SE

Evitando as armadilhas da procura da felicidade

Tradução

Helena Maria Andrade do Nascimento

A

AGIR

Título original: The Happiness Trap

Produção editorial
Ana Carla Sousa
Gabriel Machado

Revisão de tradução
Clara Vidal

Revisão
Carolina Rodrigues
Flávia Midori

Diagramação
Printmark Marketing Editorial

CIP-Brasil. Catalogação na fonte
Sindicato Nacional dos Editores de Livros, RJ

H261 Harris, Russ, 1962-
Liberte-se : evitando as armadilhas da procura da felicidade / Russ Harris; [tradução Helena Maria Andrade do Nascimento]. – Rio de Janeiro: Agir, 2011.

Tradução de: The happiness trap
ISBN 978-85-220-1026-4

1. Felicidade. 2. Liberdade. 3. Autoaceitação. I. Título.

CDD: 158.1
CDU: 159.947

Texto estabelecido segundo o Acordo Ortográfico da Língua Portuguesa de 1990, em vigor no Brasil desde 2009.

Rua Nova Jerusalém, 345 – Bonsucesso
Rio de Janeiro – RJ – CEP 21042-235
Tel.: (21) 3882-8200 – Fax: (21) 3882-8212/8313
www.ediouro.com.br

Sumário

Parte 3
CRIANDO UMA VIDA DE VALOR

À minha mãe e ao meu pai, por quatro décadas de amor, apoio, inspiração e estímulo.

À minha esposa, Carmel, pelo amor, pela sabedoria e pela generosidade que enriqueceram minha vida e abriram meu coração de uma forma que jamais sonhei ser possível.

Prefácio

Há algo de irônico na felicidade. O radical da palavra significa "sorte", "ventura", o que subentende o acaso, algo fora de nosso controle. Apesar disso, além de procurar por ela, tentamos conservá-la conosco — especialmente para fugir de qualquer sentimento de "infelicidade". E, lamentavelmente, na tentativa de controlá-la, nos aprisionamos, nos fechamos num planejamento rígido e estático.

Felicidade não é apenas se sentir bem. Se assim fosse, os viciados em drogas seriam os seres mais felizes do planeta. Na verdade, sentir-se bem pode se tornar uma busca muito infeliz. Não é à toa que os usuários de drogas chamam uma dose de "pico": eles alcançam as alturas por alguns instantes, mas depois é preciso voltar para a terra firme e confrontar sua realidade. Como uma borboleta que deseja conquistar o mundo, mas ainda está presa a seu casulo, a felicidade precisa de uma mão muito delicada para libertar-se e ajudá-la a existir, senão morre. Os viciados não são os únicos nesta busca desenfreada pela sensação de bem-estar. Ao tentar produzir um resultado emocional a que chamamos de felicidade, a maior parte das pessoas tende a adotar um comportamento diametralmente oposto e passa a sentir-se péssima e inadequada com o inevitável resultado. Até nos darmos conta, estamos todos tentando alcançar o tal "pico" da felicidade.

Este livro se fundamenta na Terapia de Aceitação e Comprometimento (TAC), abordagem empiricamente sustentada que apresenta um novo e inusitado modo de lidar com a questão da felicidade e da satisfação. Em vez de ensinar técnicas inovadoras para buscar a felicidade, a TAC ensina meios de acabar com o conflito, a fuga e a perda do momento presente. De forma criativa e meticulosa, Russ Harris apresenta essa abordagem a fim de torná-la acessível ao leitor. Em 33 capítulos curtos, ele explora, sistematicamente, as situações em que caímos na "armadilha da felicidade" e como a atenção plena, a aceitação, a desfusão cognitiva e os valores podem nos libertar dela.

A mensagem positiva contida nestas páginas é que não há razão para continuar esperando que a vida comece. A espera pode acabar. Agora. Como um leão preso numa jaula de papel, as pessoas estão, com frequência, aprisionadas pelas ilusões das próprias mentes. Entretanto, apesar das aparências, a jaula não é de fato uma barreira para o espírito humano. Há outro caminho mais à frente e, com este livro, o dr. Harris projeta um facho de luz, poderoso e alentador, noite adentro, iluminando essa trilha.

Aproveite a viagem. Você está em ótimas mãos.

— Steven C. Hayes, PhD
Criador da TAC
Universidade de Nevada

Introdução

SÓ QUERO SER FELIZ!

Por um momento, suponha que quase tudo em que você acredita sobre busca da felicidade é impreciso, confuso e falso. Suponha também que essas mesmas crenças o estejam fazendo infeliz. E se seus esforços para encontrar a felicidade estiverem, na verdade, impedindo-o de alcançá-la? E se quase todos os seus conhecidos estivessem no mesmo barco — incluindo todos os psicólogos, psiquiatras e gurus da autoajuda que afirmam saber todas as respostas?

Não estou fazendo essas perguntas só para chamar atenção. Este livro se baseia num crescente acervo de pesquisas científicas que sugerem estarmos, todos, presos numa armadilha psicológica. Levamos a vida regulados por muitas crenças sobre a felicidade, todas imprecisas e de pouca serventia — ideias amplamente aceitas porque "todo mundo sabe que elas são verdadeiras". Essas crenças parecem fazer bastante sentido — por isso as encontramos em quase todo livro de autoajuda. Infelizmente, porém, elas são enganosas, e criam um círculo vicioso no qual quanto mais tentamos encontrar a felicidade, mais sofremos. É uma armadilha psicológica tão bem-escondida que nem mesmo nos damos conta de que estamos presos.

Essa é a má notícia.

A boa é que existe esperança. É possível aprender a reconhecer a "armadilha da felicidade" e, mais importante, é possível aprender a escapar dela. Este livro lhe oferece o conhecimento e as habilidades para isso, graças a um recente e revolucionário avanço na psicologia, um modelo poderoso de mudança, conhecido como Terapia de Aceitação e Comprometimento (TAC).

A TAC foi desenvolvida nos Estados Unidos pelo psicólogo Steven Hayes e por seus colegas Kelly Wilson e Kirk Strosahl. A TAC tem se mostrado espantosamente eficaz na solução de uma série de problemas, desde depressão e ansiedade até dor crônica e até mesmo vício em drogas. Em um estudo notável, os psicólogos Patty Bach e Steven Hayes empregaram a TAC em pacientes esquizofrênicos e constataram que apenas quatro horas de terapia eram suficientes para reduzir pela metade as taxas de reinternação hospitalar. A TAC tem sido ainda altamente eficaz em problemas menos graves comuns a milhões de nós, como largar o cigarro e reduzir o estresse no local de trabalho. Ao contrário da maioria das terapias, a TAC tem sólidas bases científicas e, por isso, vê sua popularidade aumentar rapidamente entre especialistas do mundo inteiro.

O objetivo da TAC é ajudá-lo a ter uma vida mais rica, plena e significativa, enquanto lida, de forma eficaz, com a dor, que é inevitável. Ela recorre a seis princípios poderosos, que lhe darão condições de desenvolver uma capacidade autoestimuladora conhecida como "flexibilidade psicológica".

A felicidade é normal?

Hoje, no mundo ocidental, temos um padrão de vida mais elevado do que qualquer um alcançado pela humanidade até então. Dispomos de melhores tratamentos médicos, melhor alimentação, melhores condições de habitação, melhor saneamento básico, mais dinheiro, mais serviços de assistência social e mais acesso a educação, justiça, viagens, diversão e oportunidades de carreira. A atual classe média vive melhor do que a realeza de um tempo não tão distante no passado. Mesmo assim, as pessoas não parecem muito felizes. A seção de autoajuda, nas livrarias, está abarrotada de títulos sobre depressão, ansiedade, estresse, problemas de relacionamento, vício em drogas, e muito mais. Ao mesmo tempo, há experts na televisão e no rádio nos bombardeando diariamente com conselhos para melhorar a vida. A quantidade de psicólogos, psiquiatras, conselheiros matrimoniais e familiares, assistentes sociais e "orientadores de vida" aumenta a cada ano. Ainda assim, apesar de toda ajuda e aconselhamento, a infelicidade não parece diminuir; pelo contrário, cresce a passos largos! Não haverá algo de errado nesse quadro?

As estatísticas são atordoantes: anualmente, quase 30% da população adulta enfrentam algum transtorno psicológico. A Organização Mundial da Saúde estima que atualmente a depressão seja a quarta maior, mais cara e mais debilitante doença no mundo, e que, por volta de 2020, terá se tornado a segunda maior. A cada semana, um décimo da população adulta sofre de depressão clínica, e uma em cada cinco pessoas enfrentará a doença em algum momento da vida. Além disso, de cada quatro adultos, um sofrerá com o vício em drogas ou com o alcoolismo – hoje existem mais de vinte milhões de alcoólatras só nos Estados Unidos.

Entretanto, ainda mais espantoso e preocupante do que todas essas estatísticas é que uma em cada duas pessoas considerará seriamente o suicídio e lutará contra a ideia por um período de duas ou mais semanas. E o mais apavorante: de cada dez indivíduos, um deles, em algum momento, tentará de fato dar cabo da vida.

Pense nesses números por alguns instantes. Pense em seus amigos, na família, nos colegas de trabalho. Quase metade deles estará, em algum momento, tão tomado pelo sofrimento a ponto de considerar o suicídio. Um em cada dez chegará a tentar. Francamente, a felicidade duradoura não é normal!

Por que é tão difícil ser feliz?

Para responder à pergunta acima, façamos uma viagem ao passado. O cérebro do homem moderno, com uma incrível capacidade de análise, criação e comunicação, evoluiu imensamente nas últimas centenas de milhares de anos, desde que nossa espécie, a *Homo sapiens*, surgiu. Nossa mente, porém, não evoluiu para que nos "sentíssemos bem" e assim pudéssemos contar piadas, escrever poemas ou dizer "eu te amo". Nossa mente evoluiu para nos ajudar a sobreviver num mundo cheio de perigos.

Imagine a si mesmo como um ser humano primitivo, caçador e coletor. Quais são suas necessidades básicas para sobreviver e se reproduzir? São quatro: comida, água, abrigo e sexo. No entanto, nada disso importa se você estiver morto. Portanto, a prioridade número um da mente do homem primitivo era estar atenta a qualquer coisa que pudesse lhe fazer mal — e evitá-la. A mente primitiva era basicamente um dispositivo cuja principal função era evitar a morte, e nisso mostrou-se imensamente útil. Quanto melhores nossos antepassados se tornavam em prever e evitar o perigo, mais tempo viviam e maior era sua prole.

Assim, a cada geração, a mente humana foi se tornando mais ágil na previsão e na prevenção do perigo. Agora, após cem mil anos de evolução, ela está de prontidão constantemente, avaliando e julgando tudo o que encontra: será bom ou ruim? Seguro ou perigoso? Útil ou prejudicial? Entretanto, nossa mente não nos adverte sobre mamutes peludos ou tigres-dentes-de-sabre. Em seu lugar estão o desemprego, a rejeição, as multas de trânsito, o constrangimento público, o câncer e outras mil e uma preocupações cotidianas. O resultado é que gastamos uma enorme quantidade de tempo aflitos com situações que, muito frequentemente, nem chegam a acontecer.

Outro fator essencial à sobrevivência de qualquer humano é pertencer a um grupo. Se o clã nos expulsar, logo seremos atacados pelos lobos. Então, de que forma a mente nos protege da rejeição? Comparando-nos a outros membros do clã: será que me encaixo? Será que estou fazendo a coisa certa? Contribuindo o suficiente? Sou tão bom quanto os outros? Será que estou fazendo algo que os leve a me rejeitar?

Soa familiar? Nossa mente está continuamente nos protegendo da rejeição e nos comparando ao resto da sociedade. Não é de se admirar que nos desgastemos tanto pensando se vão gostar de nós, nem que estejamos sempre procurando nos superar ou nos diminuir por não estarmos "à altura" dos demais. Há cem mil anos, tínhamos apenas os integrantes do nosso clã de origem como termo de comparação. Hoje, basta uma simples olhada nos jornais, nas revistas ou na televisão para encontrarmos, de imediato, uma multidão de pessoas mais inteligentes, mais ricas, mais magras, mais *sexies*, mais famosas, mais poderosas ou mais bem-sucedidas do que nós. Comparados a essas sedutoras criações da mídia, nos sentimos inferiores ou decepcionados com a vida. Para piorar, a mente humana está tão sofisticada que é capaz de criar uma imagem fantasiosa da pessoa que gostaríamos de ser — para, em seguida, nos comparar a ela! Que chance poderíamos ter? Sempre ficará o sentimento de que não somos bons o suficiente.

Para qualquer homem das cavernas ambicioso, a regra do sucesso era: tenha mais e estará melhor. Quanto melhores as armas, mais caça será abatida. Quanto maiores os estoques de comida, maiores as chances de sobrevivência em tempos de escassez. Quanto melhor o abrigo, mais proteção contra o mau tempo e os animais selvagens. Quanto maior a prole, maior a probabilidade de que alguns sobrevivam até a idade adulta.

Não é surpresa, portanto, quando nossa mente busca constantemente "mais e melhor": mais dinheiro, um emprego melhor, mais status, um corpo melhor, mais amor, um parceiro melhor. Se formos bem-sucedidos, se realmente conseguirmos tudo isso, então nos consideraremos satisfeitos — por algum tempo. Mais cedo ou mais tarde (em geral mais cedo), vamos querer mais.

A evolução, portanto, configurou nosso cérebro para nos fazer sofrer psicologicamente: comparando, avaliando, criticando a si mesmo, concentrado naquilo que nos falta, para rapidamente nos deixar decepcionados com o que temos e imaginando possibilidades amedrontadoras, que, em geral, jamais se tornarão realidade. Não é de espantar que o ser humano ache tão difícil ser feliz!

O que é exatamente a "felicidade"?

Todos a desejam. Todos anseiam por ela. Todos lutam por ela. O próprio Dalai Lama já afirmou: "O verdadeiro propósito da vida é ser feliz." Mas o que é a felicidade mesmo?

A palavra "felicidade" possui dois significados diferentes. O mais comum é "sentir-se bem". Em outras palavras, sentir prazer, alegria ou satisfação. Todos nós gostamos desses sentimentos, portanto não é novidade que procuremos por eles. Entretanto, bem como todas as outras emoções, sentimentos de felicidade não duram. Não importa o quanto tentemos conservá-los, sempre escapam. Conforme é possível constatar, a busca incessante por esses sentimentos prazerosos será, a longo prazo, profundamente insatisfatória. Na verdade, quanto mais procuramos, mais estamos propensos a sofrer de ansiedade e depressão.

O outro significado de "felicidade", bem menos utilizado, é "uma vida mais rica, plena e significativa". É quando nos empenhamos por aquilo que, no fundo, realmente importa, vamos na direção que consideramos válida e legítima, deixamos claro o que queremos da vida e agimos nesse sentido, que nossa vida se torna mais rica, plena e significativa e experimentamos um poderoso sentimento de vitalidade. Não algo fugaz, mas a profunda sensação de uma vida bem-vivida. E, embora uma vida assim nos traga, sem dúvida, muito de prazer, também traz sensações desconfortáveis, como a tristeza, o medo e a raiva. Isso é óbvio. Se queremos viver uma vida completa, temos que sentir toda a gama de emoções humanas.

Neste livro, como você já deve ter reparado, estamos muito mais interessados no segundo significado de felicidade do que no primeiro. É evidente que todos nós gostamos de nos sentir bem e devemos aproveitar ao máximo quando isso acontece. No entanto, se tentarmos manter essa sensação permanentemente, estaremos fadados ao fracasso.

A dor faz parte da vida; não há escapatória. Todos nós precisamos encarar o fato de que, mais cedo ou mais tarde, ficaremos mais frágeis, adoeceremos e morreremos. Cedo ou tarde, todos nós perderemos relacionamentos preciosos, seja por rejeição, separação ou morte. Cedo ou tarde, estaremos diante de crises, decepções e fracassos. Significa que, de uma forma ou de outra, todos passaremos por experiências dolorosas.

A boa notícia é que, embora não possamos evitar essa dor, temos como aprender a lidar melhor com ela — a dar-lhe seu espaço, reduzir seu impacto e criar uma vida que valha a pena apesar dela. Este livro vai lhe mostrar como fazê-lo. O processo tem três partes. Na primeira, você vai entender como cada um prepara sua armadilha da felicidade e nela se aprisiona. É o primeiro passo fundamental, portanto, não deixe de cumpri-lo. Você não vai poder escapar da armadilha se não souber como funciona. Na segunda parte, em vez de tentar eliminar pensamentos e sentimentos dolorosos, você aprenderá a abrir espaço para eles, vivenciando-os de uma nova forma, que reduzirá seu impacto, esgotará seu poder e diminuirá a influência que têm sobre você. Finalmente, na terceira parte, no lugar de ficar atrás de pensamentos e sentimentos felizes, você se concentrará na criação de uma vida mais rica e significativa. Tudo isso produzirá uma sensação de vitalidade e realização, ao mesmo tempo profundamente gratificante e duradoura.

A jornada à frente

Este livro é como uma viagem por um país estrangeiro: a maior parte parecerá nova e desconhecida. Outros aspectos parecerão familiares, ainda que, de alguma forma, sutilmente diferentes. Por vezes, você se sentirá desafiado ou confrontado; noutras, entusiasmado ou entretido. Não tenha pressa. Em vez de sair correndo, saboreie a experiência por completo. Pare quando encontrar algo estimulante ou incomum. Explore a fundo e aprenda o máximo possível. Criar uma vida que valha a pena é uma grande empreitada, portanto, por favor, dedique tempo para apreciá-la.

Parte 1
Preparando a armadilha da felicidade

Capítulo 1
CONTOS DE FADAS

Qual é a última frase de todo conto de fadas? Adivinhou: "...e viveram felizes para sempre". Mas os finais felizes não estão só nos contos de fadas. E os filmes de Hollywood? Não há em quase todos eles um arremate idílico, no qual o Bem vence o Mal, o amor tudo supera e o herói derrota o vilão? Isso não acontece também na maior parte dos romances e programas de televisão? Adoramos finais felizes porque a sociedade diz que assim deveria ser a vida: só alegria e diversão, paz e contentamento, felicidade sem fim. Mas isso soa realista? Tem a ver com a sua experiência de vida? Este é um dos quatro mitos que compõem o esquema básico da armadilha da felicidade. Vamos dar uma olhada nesses mitos, um por um.

Mito nº 1: A felicidade é o estado natural de todo ser humano

Nossa cultura insiste no fato de que os seres humanos são naturalmente felizes. Entretanto, as estatísticas citadas na introdução contrariam essa ideia. Recordando: um em cada dez adultos tenta o suicídio e um em cada cinco tem depressão. E, além disso, a probabilidade estatística de que você sofra de algum distúrbio psiquiátrico em qualquer estágio da vida é de quase 30%.

Além disso, se acrescentarmos toda a dor causada por problemas que não são classificados como distúrbios psiquiátricos — a solidão, o divórcio, o estresse no trabalho, a crise da meia-idade, problemas de relacionamento, o isolamento social e a sensação de que falta um sentido ou propósito na vida —, começamos a perceber quão rara é a verdadeira felicidade. Infelizmente, muitas pessoas andam por aí acreditando que todo o resto do mundo é feliz, menos elas. Claro — você já adivinhou —, trata-se de uma crença que gera ainda mais infelicidade.

Mito nº 2: Se você não é feliz, não é normal

Como lógica decorrente do mito nº 1, a sociedade ocidental pressupõe que o sofrimento mental é anormal. Ele é visto como fraqueza ou doença, produto de uma falha ou defeito. O que significa que, inevitavelmente, ao termos pensamentos e sentimentos dolorosos, nos criticamos por sermos fracos ou tolos.

A Terapia de Aceitação e Comprometimento se fundamenta numa premissa radicalmente diferente: os processos mentais normais da mente humana saudável levam naturalmente ao sofrimento psicológico. Você não é anormal; sua mente está só acompanhando a evolução. Felizmente, a TAC nos ensina a lidar com a mente de maneira mais eficaz, melhorando a vida de modo substancial.

Mito nº 3: Precisamos nos livrar dos sentimentos negativos para ter uma vida melhor

Vivemos numa sociedade hedonista, numa cultura profundamente obcecada com a felicidade. E o que essa sociedade nos orienta a fazer? Eliminar os sentimentos "negativos" e acumular, no lugar, os "positivos". É uma teoria atraente e, a julgar pelas aparências, faz algum sentido. Afinal, quem quer sentimentos desagradáveis? Entretanto, aqui está o truque: aquilo que costumamos valorizar mais carrega consigo uma grande variedade de sentimentos, tanto agradáveis quanto desagradáveis. Por exemplo, num relacionamento íntimo estável, embora vivenciemos sentimentos maravilhosos, como amor e alegria, é inevitável que também passemos por decepções e frustrações. O parceiro ideal não existe e, mais cedo ou mais tarde, conflitos vão aparecer.

O mesmo vale para quase qualquer outro projeto significativo. Embora em geral tragam empolgação e entusiasmo, quase sempre também nos causam estresse, medo e ansiedade. Portanto, se você acredita no mito nº 3, está em grandes apuros, já que é praticamente impossível buscar uma melhoria de vida sem a capacidade de passar por uma situação desagradável. Entretanto, na 2ª parte deste livro, você aprenderá a lidar com esses sentimentos desconfortáveis de forma inteiramente diferente, a vivenciá-los de modo que seu impacto seja bem menor.

Mito nº 4: Você tem de ser capaz de controlar o que pensa e o que sente

O fato é que temos muito menos controle sobre o que pensamos e sentimos do que gostaríamos. Não é que não tenhamos nenhum controle, mas temos muito menos do que os experts tentam nos fazer acreditar. No entanto, possuímos, sim, controle sobre nossas ações, e é através delas que criamos uma vida rica, plena e significativa.

A maioria avassaladora dos programas de autoajuda se baseia no mito nº 4. A argumentação básica é: se você confrontar seus pensamentos ou imagens negativas e, em seu lugar, se concentrar repetidamente em pensamentos e imagens positivas, você encontrará a felicidade. Como se fosse assim tão simples!

Aposto que você já tentou pensar positivamente várias vezes e ainda assim a negatividade continuou voltando, não é? Conforme vimos na introdução, a mente humana evoluiu por centenas de milhares de anos até pensar da forma atual, portanto é improvável que uns poucos pensamentos positivos a modifiquem muito. Não é que essas técnicas não funcionem; elas podem, sim, trazer uma melhora temporária. Porém, não eliminarão os pensamentos negativos a longo prazo.

O mesmo vale para sentimentos "negativos" como raiva, medo, tristeza, insegurança e culpa. Existe um sem-número de estratégias para "nos livrarmos" deles. No entanto, você sem dúvida já descobriu que, mesmo quando se vão, eles logo estão de volta. Então vão embora de novo, para voltarem novamente. Isso se repete sucessivas vezes. É provável que, se você for igual aos demais humanos do planeta, já tenha perdido um bocado de tempo tentando ter sentimentos "bons" no lugar dos "ruins", e provavelmente percebeu que, se não ficar muito aflito, pode, até certo ponto, conseguir. Por outro lado, talvez tenha também descoberto que, à medida que o nível de angústia se eleva, a capacidade de controlar os sentimentos diminui. Infelizmente, a crença no mito nº 4 é tão forte que tendemos a nos sentir inadequados ao falhar na tentativa de controlar pensamentos e sentimentos.

Esses quatro poderosos mitos configuram o esquema básico da armadilha da felicidade. Eles nos preparam para uma luta que jamais venceremos: a luta contra nossa própria natureza. É essa luta que monta a armadilha. No próximo capítulo, vamos nos fixar nos detalhes desse embate, mas consideremos primeiro por que esses mitos estão tão arraigados em nossa cultura.

A ilusão do controle

A mente humana nos proporciona uma enorme vantagem como espécie. Ela nos permite fazer planos, inventar, coordenar, analisar problemas, compartilhar conhecimentos, aprender com as experiências e imaginar novas perspectivas. As roupas que você está vestindo, a cadeira em que está sentado, o teto acima da sua cabeça, o livro em suas mãos — nada disso existiria não fosse pela engenhosidade da mente humana. Ela nos permite moldar o mundo ao nosso redor e ajustá-lo aos nossos desejos, providenciando calor, abrigo, comida, água, proteção, saneamento e medicamentos. Não é de surpreender que essa incrível capacidade de controle sobre o ambiente nos leve a esperar controlar também outras esferas.

As estratégias de controle costumam funcionar bem no mundo material. Quando não gostamos de algo, encontramos um jeito de evitá-lo ou de nos livrarmos dele. Há um lobo te cercando? Livre-se dele. Jogue pedras, atire lanças ou dê-lhe um tiro. Neve, chuva ou granizo? Bem, isso você não consegue eliminar, mas pode evitar, escondendo-se numa caverna ou construindo um abrigo. Solo seco, árido? Recorra à irrigação e à fertilização ou evite-o, buscando um solo fértil.

No entanto, que grau de controle temos sobre nosso mundo interno — o mundo dos pensamentos, das lembranças, das emoções, dos anseios e das sensações? Temos como simplesmente evitar ou descartar aquilo que não nos agrada? Bem, vejamos. Proponho um pequeno experimento. Enquanto estiver lendo este parágrafo, tente não pensar sobre seu sabor de sorvete predileto. Não considere cor ou textura. Não pense no gosto que ele tem num dia quente de verão nem em como é boa a sensação que deixa ao derreter na boca.

Como se saiu? Exatamente! Não conseguiu parar de pensar no sorvete.

Vamos a outro pequeno experimento. Volte à lembrança mais remota de sua infância. Mantenha a imagem dela na cabeça. Conseguiu? Ótimo. Apague-a, agora. Remova completamente a lembrança para que jamais lhe ocorra novamente.

Como foi? (Se pensa que conseguiu, verifique se ainda consegue se lembrar dela.)

Em seguida, concentre-se na perna esquerda e perceba como a sente. Tudo bem? Ótimo. Faça, agora, com que ela fique completamente dormente — tão dormente a ponto de poder serrá-la sem sentir nada.

Conseguiu?

Tudo bem, agora um experimento com o pensamento. Imagine alguém apontando uma arma carregada para sua cabeça, dizendo que não deve sentir medo e que, ao menor vestígio de ansiedade, a arma será disparada. Será que você conseguiria não se sentir ansioso em tal situação, mesmo com a vida em risco? (É claro que poderia *fingir* tranquilidade, mas será que poderia *sentir-se* tranquilo de verdade?)

Agora, um último experimento. Olhe para a estrela abaixo, e em seguida veja se consegue parar de pensar por dois minutos. É só o que tem a fazer. Por dois minutos, evite qualquer tipo de pensamento — principalmente os referentes à estrela.

Felizmente, a essa altura você já deve ter entendido que pensamentos, sensações e lembranças não são tão fáceis de controlar. Não é que você não possua *nenhum* controle sobre eles; você apenas tem muito menos controle do que imagina. Falando claramente, se essas coisas fossem tão fáceis de controlar, não estaríamos vivendo em eterna bem-aventurança?

Como aprendemos a ter controle

Desde muito cedo, nos ensinaram que poderíamos controlar nossos sentimentos. À medida que crescemos, ouvimos muitas expressões do tipo "não chore", "não fique desanimado", "pare de sentir pena de si mesmo", "não há nada a temer".

Com palavras dessa ordem, os adultos à nossa volta nos enviaram a mensagem, repetidas vezes, de que deveríamos ser capazes de controlar nossos sentimentos. Para nós, eles pareciam controlar os seus próprios. Mas o que acontecia a portas fechadas? Tudo leva a crer que muitos desses adultos não lidavam tão bem com a própria dor. Talvez estivessem bebendo além da conta, tomando tranquilizantes, chorando toda noite até cair no sono, tendo casos amorosos, se matando de trabalhar ou sofrendo em silêncio, com úlceras no estômago. Seja qual fosse a sua forma de suportar, provavelmente não compartilharam essas experiências com você.

Nas raras ocasiões em que você os presenciou perdendo o controle, provavelmente não ouviu "Tudo bem, essas lágrimas são porque estou sentido uma coisa chamada tristeza. É um sentimento normal e é possível aprender a lidar bem com ele". O que não é nada surpreendente; eles não conseguiam explicar como lidar com as emoções porque não sabiam.

A ideia de que você deve ser capaz de controlar seus sentimentos foi, sem dúvida, reforçada nos tempos de escola. As crianças que choravam sofriam provocações por serem "bebês chorões" ou "maricas" — principalmente os meninos. Depois, já mais velho, você deve ter ouvido (ou mesmo dito) frases como "deixa disso!", "isso acontece", "sai dessa!", "relaxa!", "não seja fraco!", "parte pra outra!", e assim por diante.

Frases como essas implicam uma capacidade de ligar e desligar os sentimentos segundo nossa vontade, como se apertássemos um botão. E por que esse mito é tão convincente? Porque aqueles que nos rodeiam parecem felizes. Parecem estar no controle. "Parecem" é a palavra-chave. O fato é que a maioria das pessoas não é honesta sobre seus conflitos internos com seus pensamentos e sentimentos. Elas colocam uma máscara de bravura e "aguentam firme". É como na célebre história do palhaço que chora por dentro: o que vemos é um rosto colorido e trejeitos engraçados. Costumo ouvir dos meus pacientes que "se meus amigos/família/colegas pudessem me ouvir, jamais acreditariam. Todos me acham tão forte/confiante/feliz/independente".

Penny, uma recepcionista na faixa dos trinta anos, me procurou seis meses após o nascimento do primeiro filho. Sentia-se cansada e cheia de dúvidas sobre sua capacidade como mãe. Às vezes achava-se incompetente e incapaz, querendo fugir de toda responsabilidade. Em outros momentos, sentia-se exausta, desgostosa, imaginando se a maternidade não teria sido um grande erro. Para completar, havia a culpa por ter esses pensamentos! Embora Penny frequentasse regularmente um grupo de apoio para mães, mantinha seus problemas em segredo. As outras mães pareciam tão confiantes que ela temia ser malvista caso se abrisse. Quando Penny finalmente reuniu forças para compartilhar suas experiências com as outras, sua confissão quebrou o silêncio: todas sentiam o mesmo de alguma forma, mas se vangloriavam na presença das outras, escondendo os verdadeiros sentimentos por temer a rejeição. Houve um enorme alívio quando aquelas mulheres se expressaram e foram honestas umas com as outras.

Numa generalização grosseira, os homens costumam ser bem piores do que as mulheres em admitir suas preocupações mais profundas, por serem treinados para ser estoicos, educados para guardar seus sentimentos e escondê-los. Contudo, muitas mulheres também relutam em dizer, mesmo para os amigos mais próximos, que se sentem deprimidas, ansiosas, ou que não conseguem dar conta, por medo de serem julgadas fracassadas ou tolas. O silêncio sobre o que realmente sentimos e a fachada que nos impomos só servem para fortalecer a ilusão de controle.

Assim, a pergunta é: até que ponto você tem sido influenciado por esses mitos de controle? O questionário das próximas páginas vai ajudá-lo a descobrir.

QUESTIONÁRIO

Controle dos pensamentos e sentimentos

Este questionário foi adaptado de testes semelhantes, elaborados por Steven Hayes, Frank Bond, entre outros. Quando a expressão "pensamentos e sentimentos negativos" é utilizada, ela se refere a uma gama de sentimentos dolorosos (raiva, depressão e ansiedade) e pensamentos dolorosos (más recordações, imagens perturbadoras e autoavaliações implacáveis). Para cada par de afirmativas, escolha aquela que mais se ajusta à sua forma de sentir. A alternativa que escolher não precisa ser sempre 100% verdadeira para você; apenas escolha a resposta que lhe parecer mais representativa de suas atitudes em geral.

1a. Preciso saber controlar bem meus sentimentos para ser bem-sucedido.
1b. Não preciso saber controlar bem meus sentimentos para ser bem-sucedido.

2a. A ansiedade é ruim.
2b. A ansiedade não é boa nem ruim. É só um sentimento desagradável.

3a. Pensamentos e sentimentos negativos me farão mal se eu não os controlar ou me livrar deles.
3b. Pensamentos e sentimentos negativos não me farão mal mesmo se causarem mal-estar.

4a. Tenho medo de alguns de meus sentimentos mais fortes.
4b. Nenhum sentimento me dá medo, seja forte ou não.

5a. Para realizar algo importante, preciso eliminar toda e qualquer dúvida.
5b. Posso realizar algo importante mesmo tendo dúvidas.

6a. Quando surgem pensamentos e sentimentos negativos, é importante reduzi-los ou livrar-se deles o mais rápido possível.
6b. Tentar reduzir ou eliminar pensamentos e sentimentos negativos em geral traz problemas. Se eu simplesmente permitir que aconteçam, eles serão parte natural da vida.

7a. A análise dos problemas é o melhor método para administrá-los; em seguida deve-se usar seu resultado para livrar-se deles.
7b. O melhor método para administrar pensamentos e sentimentos negativos é reconhecer sua existência e deixar que aconteçam, sem analisá-los ou julgá-los.

8a. Vou me sentir "feliz" e "saudável" se melhorar minha capacidade de evitar, reduzir ou me livrar de pensamentos e sentimentos negativos.
8b. Vou me sentir "feliz" e "saudável" permitindo que os pensamentos e sentimentos negativos tenham livre trânsito e aprendendo a viver bem com eles.

9a. Não conseguir eliminar ou me livrar de uma reação emocional negativa é sinal de falha ou fraqueza pessoal.
9b. A necessidade de controlar ou me livrar de uma reação emocional negativa é um problema em si.

10a. Ter pensamentos e sentimentos negativos é indicativo de que não sou psicologicamente saudável ou de que tenho problemas.

10b. Ter pensamentos e sentimentos negativos significa que sou um ser humano normal.

11a. Aqueles que têm controle sobre suas vidas podem, em geral, controlar como se sentem.
11b. Aqueles que têm controle sobre suas vidas não precisam controlar seus sentimentos.

12a. Não é bom sentir ansiedade e tento evitá-la.
12b. Não gosto da ansiedade, mas não há nada de errado em senti-la.

13a. Pensamentos e sentimentos negativos são sinais de que há algo errado.
13b. Pensamentos e sentimentos negativos são parte inevitável da vida de qualquer um.

14a. Tenho de me sentir bem para realizar algo importante e desafiador.
14b. Posso realizar algo importante ou desafiador mesmo ansioso ou deprimido.

15a. Tento eliminar pensamentos e sentimentos negativos que me desagradam evitando pensar sobre eles.
15b. Não tento eliminar pensamentos e sentimentos que me desagradam. Deixo que transitem livremente.

Para saber o resultado do teste, conte o número de vezes que escolheu "a" ou "b". (Peço-lhe para manter o resultado à mão. No final do livro, vou pedir que refaça o teste.)

Quanto mais alternativas "a" tiver escolhido, maior a probabilidade de que o controle represente um sofrimento considerável em sua vida. Como? Este é o assunto do próximo capítulo.

Capítulo 2
CÍRCULOS VICIOSOS

"O que há de errado comigo?", pergunta Michelle, em lágrimas. "Tenho um marido maravilhoso, filhos maravilhosos, um excelente emprego, uma casa linda. Estou em forma, com saúde e dinheiro. Por que não sou feliz?" É uma boa pergunta. Michelle parece ter tudo o que deseja. O que há de errado, então? Voltaremos a ela mais adiante neste capítulo, mas, por agora, vamos dar uma olhada no que está acontecendo em sua vida.

Suponho que, se você está lendo este livro, é porque sua vida poderia estar melhor do que está. Talvez seu relacionamento afetivo vá mal ou você se sinta só ou inconsolável. Talvez odeie seu emprego ou talvez o tenha perdido. Talvez sua saúde esteja abalada. Talvez tenha perdido uma pessoa querida ou sido rejeitado por ela ou, quem sabe, ela tenha se mudado para muito longe. Talvez sua autoestima esteja em baixa ou sua autoconfiança quase nula. Talvez você tenha algum vício ou esteja passando por dificuldades legais ou financeiras. Talvez esteja deprimido, ansioso ou completamente esgotado. Talvez se sinta paralisado ou desiludido.

Seja qual for o problema, sem dúvida ele provoca pensamentos e sentimentos negativos — e você já deve ter perdido muito tempo e esforço tentando fugir deles ou escondê-los. Suponha, porém, que essas tentativas estejam, na verdade, piorando sua vida? Na TAC temos um ditado: "A solução é o problema!"

Como a solução se torna um problema?

O que você faz quando sente coceira? Você coça, certo? E em geral funciona tão bem que você nem percebe: é só coçar e a coceira vai embora. Problema resolvido. Imagine, porém, que um belo dia apareça um eczema. O prurido é muito forte, você coça e, como as células da epiderme estão altamente sensíveis, elas acabam liberando uma substância química chamada histamina, que provoca mais irritação e inflamação. Assim, logo, logo a coceira volta — mais intensa do que antes. E, é claro, se você coçar novamente, vai até piorar.

Coçar é uma boa solução para uma irritação passageira em uma pele saudável. No entanto, no caso de coceira persistente numa pele ferida, é pior. A "solução" se torna parte do problema. É o que chamamos de "círculo vicioso", e, na esfera das emoções humanas, os círculos viciosos são muito comuns. Seguem alguns exemplos:

- Joseph teme a rejeição, logo se sente muito ansioso quando convive socialmente. Ele não quer mais se sentir assim, portanto, dentro do possível, evita se socializar. Não aceita convites para festas. Não procura fazer amigos. Vive sozinho e fica em casa toda noite. Por isso, nas raras ocasiões em que de fato interage com outros, fica mais ansioso do que nunca, por falta de prática. Além disso, por morar sozinho e não ter amigos ou vida social, sente-se completamente rejeitado, justamente o que teme!
- Yvonne também fica ansiosa em situações sociais e lida com isso bebendo além da conta. A curto prazo, o álcool reduz a ansiedade. No dia seguinte, porém, a ressaca e o cansaço quase sempre trazem arrependimento pelo dinheiro gasto com a bebida ou preocupação com seu comportamento constrangedor. É evidente que ela

consegue driblar a ansiedade por algum tempo, mas o preço pago é uma quantidade enorme de outros sentimentos desagradáveis e mais duradouros. Sempre que ela estiver num ambiente social em que não puder beber, a ansiedade será maior do que nunca, por não contar com o apoio que o álcool proporciona.

- Há muita tensão acumulada entre Andrew e sua esposa, Sylvana. Sylvana se aborrece com Andrew porque ele trabalha muitas horas seguidas e não passa tempo suficiente com ela. Andrew não gosta desse clima tenso em casa, então, para evitá-lo, trabalha mais ainda. Quanto mais horas ele trabalha, mais insatisfeita Sylvana fica, e a tensão no relacionamento entre eles só cresce.
- Danielle está acima do peso e odeia isso, por isso come chocolate para levantar o ânimo. Por alguns momentos, sente-se melhor, mas, em seguida, lembra do número de calorias ingeridas e do quanto vai engordar. Danielle acaba mais infeliz do que nunca.
- Ahmed está fora de forma e quer recuperá-la novamente. Ele começa a malhar, mas, por estar sem preparo físico, isso é mais difícil, e ele se sente desconfortável. Ahmed não gosta do desconforto, logo o seu condicionamento físico cai para níveis ainda mais baixos.

Como você pode ver, são todos exemplos de tentativas para descartar, evitar ou fugir de sentimentos negativos. Atribuímos a elas o nome de "estratégias de controle", por serem esforços para controlar diretamente seu modo de sentir. O quadro a seguir apresenta algumas estratégias de controle mais comuns, organizadas em duas categorias principais: estratégias de fuga e estratégias de luta. As estratégias de fuga envolvem fugir ou se esconder de pensamentos e sentimentos indesejados. As estratégias de luta envolvem o combate ou o domínio de seus pensamentos e sentimentos.

Estratégias de controle mais comuns

estratégias de fuga	estratégias de luta
Esconderijo/Fuga	*Eliminação*
Você evita ou se esconde de pessoas, lugares, situações ou atividades que tendem a despertar pensamentos e sentimentos desconfortáveis. Por exemplo, deixa de fazer um curso ou cancela um evento social para evitar a ansiedade.	Você tenta eliminar diretamente os pensamentos e sentimentos. Expulsa da cabeça pensamentos indesejados ou empurra-os para o "fundo" da mente.
Distração	*Discussão*
Você se distrai de pensamentos e sentimentos indesejados concentrando-se em outra coisa. Por exemplo, ao se sentir entediado ou ansioso, você acende um cigarro, toma um sorvete ou vai às compras. Ou está aborrecido com algo importante no trabalho e passa a noite na frente da TV para tentar manter a mente afastada dele.	Você discute com os próprios pensamentos. Por exemplo, se sua mente afirma "você é um fracasso", você responde "não sou, não — olha só tudo o que já realizei no trabalho". Por outro lado, também discute com a realidade, protestando: "Isso não deveria ser assim!"
Desligamento/Entorpecimento	*Gerenciamento*
Você tenta eliminar seus pensamentos e sentimentos desligando-se da realidade ou se entorpecendo, na maioria das vezes pelo uso de remédios, drogas ou álcool. Alguns ficam entorpecidos dormindo demais ou simplesmente "olhando para a parede".	Você tenta gerenciar seus pensamentos e sentimentos dizendo para si mesmo, por exemplo, "deixa disso!", "acalme-se!" ou "ânimo!", ou tenta forçar um sentimento de felicidade que não existe.
	Autointimidação
	Você se provoca para sentir algo diferente. Pode se chamar de "perdedor" ou "idiota" ou se criticar e culpar: "Não seja tão patético! Você pode lidar com isso. Por que tem que ser tão covarde?"

O problema com o controle

Qual é o problema de usar esses métodos para controlar pensamentos e sentimentos? Nenhum, desde que:

- utilizados moderadamente;
- utilizados apenas em situações nas quais funcionem;
- utilizá-los não o impeça de fazer aquilo que valoriza.

Caso não esteja aborrecido ou angustiado demais — se estiver lidando apenas com o estresse diário —, tentativas deliberadas de controlar seus pensamentos e sentimentos não costumam ser um problema. Em certas situações, a distração pode ser uma boa maneira de lidar com emoções desagradáveis. Se você acaba de ter uma briga com seu companheiro e está magoado e com raiva, pode ser útil distrair-se fazendo uma caminhada ou enfiando a cara num livro até recuperar a calma. Outras vezes, o desligamento pode ser benéfico. Por exemplo, se está estressado e exaurido depois de um dia estafante no trabalho, adormecer no sofá pode ser a solução certa para se revigorar.

Entretanto, métodos de controle se tornam problemáticos quando:

- são utilizados em excesso;
- são utilizados em situações ineficazes;
- impedem-no de fazer aquilo que realmente valoriza.

Uso excessivo do controle

Todos nós, em diferentes medidas, lançamos mão de estratégias de controle para evitar ou descartar sentimentos difíceis. Quando não há exagero, isso não é problema. Por exemplo, quando me sinto especialmente ansioso, às vezes, para distrair, como uma barra de chocolate. Por só fazer isso de vez em quando, não causo um grande problema na minha vida. Mantenho um peso saudável e não sou diabético. Entretanto, quando tinha vinte e poucos anos, o quadro era outro. Naquela época, eu comia montes de biscoitos e chocolates, na tentativa de evitar a ansiedade (num dia ruim, chegava a devorar cinco pacotes gigantes de chocolate), o que me fez engordar bastante e ter um quadro hipertensivo. Logo, quando usada em excesso, essa é uma estratégia de controle com sérias consequências.

Com o nervosismo na véspera de uma prova, você pode tentar se distrair assistindo à TV. Ora, tudo bem se você fizer isso de vez em quando, mas, se exagerar, acabará deixando o estudo de lado, logo gerando uma fonte maior de ansiedade. Sendo assim, como método para controle da ansiedade, a distração não funciona a longo prazo. Acontece o óbvio: a sua maneira de lidar com a ansiedade o impede de fazer a única coisa realmente útil — estudar.

O mesmo vale para se desligar com bebida ou drogas. O álcool ingerido com moderação e um tranquilizante aqui e ali provavelmente não terão consequências graves. No entanto, se tais métodos de controle se transformarem em muleta, podem facilmente acabar em dependência, e ela ocasiona incontáveis complicações e sentimentos ainda piores.

Uso do controle em situações em que ele não funciona

Quando amamos alguém profundamente e o relacionamento acaba — seja por morte, rejeição ou separação —, sentimos dor. O nome dessa dor é luto. O luto é uma reação emocional normal diante de uma perda significativa, seja de uma pessoa querida, do emprego ou de uma parte do corpo. E, uma vez aceita, ela passa no tempo certo.

Infelizmente, muitos de nós se recusam a aceitar o luto. Fazemos qualquer coisa menos senti-lo. Enterramo-nos no trabalho, bebemos "todas", nos atiramos em outro relacionamento por vingança ou nos entorpecemos com medicamentos tarja preta. No entanto, não importa o quanto tentemos expulsar o luto, ele continua lá no fundo, dentro de nós. Mais cedo ou mais tarde, ele vai voltar.

É como segurar uma bola dentro d'água. Enquanto a estiver segurando, ela permanecerá submersa. Quando seu braço cansar e você relaxar, ela saltará para a superfície.

Aos 25 anos, Donna perdeu o marido e a filha num trágico acidente de carro. Naturalmente, ela sentiu uma explosão de tristeza, medo, solidão e desespero. Sem conseguir aceitar todos esses sentimentos, Donna passou a beber para afastá-los. Bêbada, afastava temporariamente a dor, mas, ao recuperar a sobriedade, o luto voltava com toda a força, e ela bebia ainda mais para expulsá-lo novamente. Quando me procurou seis meses depois, Donna dava cabo de duas garrafas de vinho por dia, tomava Valium e outros soníferos. O único fator dominante em sua recuperação foi a predisposição para parar de fugir de toda aquela dor. Somente quando se abriu para os seus sentimentos e os aceitou como parte natural do luto foi que ela se conformou com a terrível perda. Isso lhe possibilitou sofrer por seus entes queridos e canalizar energia para construir uma nova vida. (Mais adiante, vamos ver como Donna conseguiu.)

Quando o uso do controle nos impede de fazer aquilo que valorizamos

O que você mais valoriza na vida? Saúde? Trabalho? Família? Amigos? Religião? Esportes? Natureza? É evidente que a vida é mais rica e plena quando investimos tempo e energia no que é mais importante e significativo para nós. Ainda assim, nossas tentativas de evitar sentimentos desagradáveis atrapalham, desviando-nos daquilo que realmente valorizamos.

Por exemplo, imagine que você é um ator profissional e adore o seu trabalho. Certo dia, "do nada", você passa a sentir um medo enorme do fracasso, bem quando está prestes a entrar em cena. Você se recusa a prosseguir, e essa recusa reduz temporariamente o medo, mas também impede que você faça algo de que realmente goste.

Já em outra situação, suponha que acaba de se divorciar. Tristeza, medo e raiva são reações naturais, mas você não quer vivenciar sentimentos tão desagradáveis. Então começa a se alimentar mal, ficar bêbado e fumar um cigarro atrás do outro. Mas o que tudo isso faz com sua saúde? Não conheço uma só pessoa que não valorize a saúde, e, ainda assim, muita gente recorre a estratégias de controle que prejudicam o organismo.

Quanto controle realmente temos?

Nosso controle sobre pensamentos e sentimentos depende muito da sua intensidade e da situação — quanto menos intensa e estressante ela for, maior será nosso controle. Por exemplo, no caso de um estresse típico do cotidiano, em um ambiente seguro e confortável, como o nosso quarto, uma aula de ioga ou o consultório de um orientador ou terapeuta, uma simples técnica de relaxamento traz logo a calma. Entretanto, quanto mais intensos forem os pensamentos e sentimentos e quanto mais estressante for o ambiente, menos eficazes serão os esforços de controle. Tente se sentir totalmente relaxado ao se preparar para uma entrevista, ao discutir com o companheiro ou ao convidar alguém para sair, e logo vai perceber do que estou falando. Embora seja possível *agir* calmamente nessas situações, você não vai se *sentir* relaxado, não importa o quanto utilize técnicas de relaxamento.

Conseguimos controlar mais os pensamentos e os sentimentos quando aquilo que evitamos não é muito importante. Por exemplo, se você estiver evitando uma faxina na garagem ou no carro, será fácil não pensar nisso. Por quê? Porque, pela ordem natural das coisas, ela não é tão importante assim. Se deixar de fazê-la, o sol vai nascer amanhã e você continuará respirando, só que a garagem ou o carro continuarão bagunçados. No entanto, suponha que apareça uma mancha escura e estranha no braço e você evite ir ao médico. Seria fácil não pensar nisso? É claro que você poderia ir ao cinema, assistir à TV ou navegar na internet e talvez, por algum tempo, pararia de pensar na mancha. Em algum momento, porém, você inevitavelmente voltaria a ela, já que as consequências por não tomar uma providência são potencialmente graves.

Sendo assim, já que muito daquilo que evitamos não é de grande importância, e porque muitos dos nossos pensamentos e sentimentos negativos não são assim tão intensos, achamos que nossas estratégias podem nos fazer sentir melhor — ao menos por algum tempo. Infelizmente, porém, isso nos leva a acreditar que nosso controle sobre a realidade é maior do que o que temos. Essa falsa noção é composta pelos mitos que vimos no capítulo anterior.

O que o controle tem a ver com a armadilha da felicidade?

A armadilha da felicidade é montada por meio de estratégias de controle ineficazes. Para ficarmos felizes, tentamos controlar o que sentimos. Essas estratégias, contudo, têm três custos significativos:

1. Consomem muito tempo e esforço e, a longo prazo, se mostram ineficazes.
2. Sentimo-nos idiotas, tolos ou fracos porque os pensamentos ou sentimentos que tentamos eliminar continuam voltando.
3. Muitas estratégias que, a curto prazo, abrandam os sentimentos desagradáveis acabam por piorar nossa qualidade de vida.

Os resultados indesejados levam a mais sentimentos desagradáveis e a outras tentativas de controlá-los. É um círculo vicioso. O termo técnico utilizado pelos psicólogos para o uso inadequado ou excessivo das estratégias de controle é "fuga à experiência". A fuga à experiência é a tentativa continuada de evitar, escapar ou se livrar de pensamentos, sentimentos e lembranças indesejadas — mesmo que isso seja prejudicial, inútil ou oneroso. (Chamamos de "fuga à experiência" porque pensamentos, sentimentos, lembranças, sensações etc. são "experiências pessoais".) A fuga à experiência é uma causa importante para a depressão, a ansiedade, o vício em drogas e álcool, os distúrbios alimentares e diversos outros problemas psicológicos.

Resumindo, eis a armadilha da felicidade: com a intenção de encontrá-la, tentamos evitar ou nos livrar de sentimentos ruins; no entanto, quanto mais tentamos, mais sentimentos ruins criamos. É importante que você adquira uma noção dessa dinâmica, que acredite na experiência pessoal em vez de simplesmente naquilo que está lendo. Portanto, ciente disso, realize o exercício proposto a seguir.

QUESTIONÁRIO

O preço da fuga

Em primeiro lugar, complete a frase: "Os pensamentos/sentimentos dos quais eu mais gostaria de me livrar são..."

A seguir, dedique alguns minutos a fazer uma lista de tudo que já tenha tentado para evitar ou se ver livre de pensamentos e sentimentos desagradáveis. Tente lembrar-se de cada estratégia já utilizada (seja de forma deliberada ou mecânica). Inclua o maior número possível de exemplos, tais como: evitar pessoas, lugares ou situações em que o sentimento ocorre; usar drogas, álcool ou medicamentos de tarja preta; se criticar ou se punir; negar; acusar; empregar visualizações, hipnose, afirmações positivas ou livros de autoajuda; procurar orientação profissional ou terapia; rezar; conversar longamente com amigos; manter um diário pessoal; fumar; comer; dormir; adiar decisões e mudanças importantes; mergulhar no trabalho/no convívio social/em hobbies/em exercícios; ou repetir para si mesmo: "Vai passar."

Feito isto, percorra a lista e, em cada item, pergunte-se:

1. Consegui me livrar, a longo prazo, dos pensamentos e sentimentos desagradáveis?
2. O que isso me custou em termos de tempo, energia, dinheiro, saúde, relacionamentos e vitalidade?
3. Isso me trouxe uma vida mais rica, plena e significativa?

Agora, por favor, faça o exercício antes de continuar a leitura. Mesmo que não escreva suas respostas, peço que dedique bem uns 15 minutos ao assunto.

Se você fez o exercício com atenção, é provável que tenha feito três descobertas:

1. Já investiu muito tempo, esforço e energia tentando evitar ou se livrar de pensamentos e sentimentos difíceis.
2. Muitas das estratégias utilizadas fizeram você se sentir melhor de imediato, mas não eliminaram seus pensamentos e sentimentos a longo prazo.
3. Muitas das estratégias listadas envolveram um custo significativo em termos de dinheiro, tempo e energia, além de efeitos negativos sobre sua saúde, sua vitalidade e seus relacionamentos. Em outras palavras, trouxeram algo de bom mas passageiro, e acabaram piorando sua qualidade de vida.

Está atrapalhado, confuso ou perturbado? Em caso positivo... Ótimo! Esse é um importante paradigma de mudança:

pôr em cheque crenças profundamente arraigadas. Reações fortes são normais.

É claro que, se suas estratégias de controle não geram custos significativos ou o aproximam da vida que deseja ter, não são problemáticas, e você não precisa se concentrar nelas. Só estamos preocupados com as estratégias que afetam a sua qualidade de vida.

"Espere aí", ouço você dizendo. "Por que você não falou sobre fazer caridade, trabalho voluntário ou se preocupar com os amigos? Não é de se esperar que servir ao próximo trouxesse felicidade?" Boa observação. No entanto, tenha em mente que não é só o que você faz que importa — a motivação conta também. Se você faz doações para se livrar da sensação de egoísmo, se você se mata de trabalhar para evitar sentimentos de inadequação, ou se você cuida dos amigos para compensar o medo da rejeição, provavelmente não vai obter grande satisfação nessas atividades. Por quê? Porque quando sua motivação básica é evitar pensamentos e sentimentos desagradáveis, isso exaure sua alegria e sua vitalidade. Por exemplo, tente se lembrar da última vez em que comeu algo delicioso para fugir do estresse, do tédio ou da ansiedade. Há chances de não ter sido tão compensador. E você já comeu simplesmente para usufruir do seu sabor? Aposto que achou bem melhor.

Há conselhos notáveis para melhorar a vida chegando de toda a parte: encontre um trabalho significativo, faça uma série incrível de exercícios, curta a natureza, tenha um hobby, entre para um clube, faça caridade, adquira novas habilidades, divirta-se com os amigos, e assim por diante. E todas essas atividades podem ser recompensadoras se forem realizadas pela importância que tem para você. Se forem recursos para fugir de pensamentos e sentimentos desagradáveis, é possível que não funcionem. É difícil aproveitar algo quando se está escapando de uma ameaça.

Portanto, quando agimos, de coração, tais ações *não* são classificadas como estratégias de controle. São "ações orientadas por valores" (explicarei o termo mais à frente), e a expectativa é que *melhorem* nossa vida. Entretanto, caso sejam principalmente motivadas pela fuga à experiência — caso seu propósito essencial seja a eliminação de pensamentos e sentimentos ruins —, então *são* chamadas de estratégias de controle (e seria surpreendente se as achássemos verdadeiramente gratificantes).

Lembra-se de Michelle, que parece ter tudo o que deseja e ainda assim não é feliz? Sua vida é dirigida pela rejeição. Pensamentos como "sou uma péssima dona de casa", "por que sou tão incapaz?" e "ninguém gosta de mim" invadem-lhe a cabeça, acompanhados por culpa, ansiedade e decepção.

Michelle se esforça ao máximo para afastar tais pensamentos e sentimentos. Empenha-se em fazer o seu melhor, e muitas vezes fica até tarde atendendo aos outros; mima o marido e os filhos e realiza seus mínimos caprichos; tenta agradar a todos que fazem parte de sua vida, colocando as necessidades deles à frente das suas. O peso que isso lhe causa é enorme, e será que isso funciona? Adivinhou. Ao se colocar sempre por último e trabalhar tanto pela aprovação dos outros, apenas reforça a sensação de não ter valor. Michelle está definitivamente presa na armadilha da felicidade.

Como escapar da armadilha da felicidade?

O primeiro passo é ter mais consciência de si mesmo. Observe todas as pequenas coisas que faz diariamente para evitar ou se livrar de pensamentos e sentimentos desagradáveis e perceba também as consequências disso.

Mantenha um diário ou dedique alguns minutos diariamente para essa reflexão. Quanto mais rápido você reconhecer que está preso na armadilha, mais rápido escapará. Quer dizer que terá de conviver com esses sentimentos e conformar-se com uma vida de dor e aflição? De jeito nenhum. Na segunda parte do livro, você vai aprender uma forma radicalmente diferente de lidar com tudo isso. Vai descobrir como neutralizar o poder da tristeza para que não possa controlá-lo e para reduzir seu impacto. Entretanto, não tenha pressa. Antes de continuar a leitura, deixe alguns dias passarem. Observe as tentativas que faz para ter controle e o que elas fazem com você. Aprenda a ver a armadilha da forma como ela se apresenta. E aguarde as mudanças que, em breve, vão acontecer.

Parte 2
Transformando seu mundo interior

Capítulo 3

OS SEIS PRINCÍPIOS ESSENCIAIS DA TAC

A Terapia de Aceitação e Comprometimento tem por base seis princípios essenciais, que trabalham em conjunto para ajudá-lo a desenvolver um estado mental conhecido como "flexibilidade psicológica", capaz de transformar sua vida. Quanto maior for sua flexibilidade psicológica, melhores condições terá para lidar com pensamentos e sentimentos dolorosos e tomar medidas mais eficazes, tornando a vida mais rica e significativa. À medida que progredirmos na leitura, vamos trabalhar os princípios um a um. Primeiro, porém, um olhar rápido sobre cada um deles.

1. DESFUSÃO

Uma nova forma de se relacionar com seus pensamentos, diminuindo o impacto e a influência que exercem sobre você. Conforme aprender a desfundir pensamentos desagradáveis e dolorosos, eles perderão a capacidade de atemorizá-lo, perturbá-lo, aborrecê-lo, estressá-lo ou deprimi-lo. E, ao saber desfundir pensamentos inúteis, como crenças autolimitadoras e autocríticas implacáveis, a influência que exercem sobre seu comportamento diminuirá.

2. EXPANSÃO

Abrir espaço para sentimentos e sensações desagradáveis, em vez de tentar suprimi-los ou afastá-los. Ao se abrir, você verificará que eles incomodam bem menos, "passando" muito mais rapidamente, em vez de ficar "rondando" e perturbando você. ("Aceitação" é a nomenclatura oficial da TAC para essa condição. Modifiquei-a porque a palavra "aceitação" possui muitos significados diferentes e é, com frequência, mal-interpretada.)

3. CONEXÃO

Entrar em contato plenamente com o que quer que esteja acontecendo no presente; se concentrar e envolver com o que quer que você esteja fazendo ou vivenciando. Em vez de remoer o passado ou se preocupar com o futuro, você se conecta profundamente com o momento. (A frase oficial da TAC é: "Permaneça em contato com o momento presente." Modifiquei-a apenas para encurtar.)

4. EU OBSERVADOR

Aspecto poderoso da mente, ignorado pela psicologia ocidental até agora. Ao tomar conhecimento dessa parte de você, será capaz de transformar sua relação com pensamentos e sentimentos difíceis.

5. VALORES

Clareza e conexão em relação a seus valores é um passo essencial para dar sentido a sua vida. Seus valores são reflexos do que realmente é mais importante para você, que tipo de pessoa você quer ser, o que lhe é relevante e significativo e o que pretende da vida. Os valores pessoais direcionam sua vida e o motivam para mudanças importantes.

6. COMPROMETIMENTO

Uma vida rica e significativa é criada a partir de ações. Mas não se trata de qualquer ação. A vida plena acontece pela ação eficaz, orientada e motivada pelos valores. Particularmente, ela acontece por força de uma ação comprometida: empreendida repetidas vezes, não importando quantas vezes falhe ou desvie do rumo.

Habilidades de atenção plena

Os quatro primeiros princípios descritos acima são conhecidos, em conjunto, como "habilidades de atenção plena". A atenção plena é um estado mental de consciência, abertura e foco — estado que acarreta enormes benefícios físicos e psicológicos. Conhecida no Oriente há milhares de anos, só chegou até nós recentemente, por meio de práticas orientais como ioga, meditação ou *tai chi*, ou de religiões como o budismo, o taoísmo ou o sufismo. Infelizmente, tais abordagens geralmente levam muito tempo e muita prática para que comecem a apresentar resultados e, em geral, vêm acompanhadas de um conjunto de crenças e rituais não necessariamente ajustáveis à sociedade secular moderna. Por outro lado, a TAC é uma abordagem científica, desvinculada de crenças religiosas ou espirituais, que ensina a atenção plena rápida e eficazmente — mesmo no espaço de alguns minutos.

Atenção plena + valores + ação = flexibilidade psicológica

Ao aplicar esses princípios à vida, você aumentará de forma constante seu nível de flexibilidade psicológica. Flexibilidade psicológica é a capacidade de se adaptar a uma situação com consciência, abertura e foco e de empreender ações orientadas por valores. No momento em que escrevo este texto, o termo não é de conhecimento geral — mas posso apostar que em breve o será, porque hoje há uma profusão de pesquisas demonstrando seus benefícios no ambiente de trabalho, na vida pessoal e no âmbito da saúde física e psicológica.

É importante lembrar que, embora os seis princípios básicos possam transformar sua vida de várias maneiras, eles não são os Dez Mandamentos. Você não *tem* que utilizá-los. Pode aplicá-los se e quando escolher. Portanto, use-os aqui e ali, experimente-os. Teste-os em sua vida e deixe que trabalhem por você. E não pense que são eficazes apenas porque estou afirmando: experimente-os e considere sua própria experiência.

Devo avisar ainda que, ao longo desta leitura, há um ponto-chave que repito com frequência: você não mudará sua vida apenas lendo. Para isso, vai ter que agir. É como ler um guia de viagem sobre a Índia: ao acabar de ler, você terá muitas ideias sobre o que gostaria de conhecer, mas ainda não terá ido lá. Para vivenciar a Índia de fato, terá que ir até lá. Da mesma forma, se você só ler este livro, terá muitas ideias de como chegar a uma vida mais rica, plena e significativa, mas não a estará vivendo de verdade. É preciso fazer os exercícios e seguir as sugestões. E aí, pronto para começar? Continue lendo, então...

Capítulo 4
O GRANDE CONTADOR DE HISTÓRIAS

Hoje de manhã, peguei uma lima e passei os dedos pela casca amarela e brilhante, percebendo cada pequeno sulco. Levei-a ao nariz e inspirei seu delicioso aroma. Em seguida, a parti ao meio. Peguei uma das metades, abri a boca e espremi uma gota do seu suco na ponta da língua.

• • • • •

O que lhe aconteceu enquanto lia sobre a lima? Talvez tenha "visto" sua forma e cor. Ou, quem sabe, "sentido" a textura da casca. Provavelmente "sentiu" o frescor do aroma cítrico. Talvez sua boca tenha salivado. Entretanto, não havia lima alguma à vista, apenas palavras sobre ela. Ainda assim, tão logo as palavras penetraram em sua mente, você reagiu como se estivesse diante de uma lima de verdade.

O mesmo acontece ao ler uma história de suspense. Tudo o que está à frente são palavras. No entanto, uma vez que estejam dentro da sua cabeça, algo de interessante acontece. Talvez você consiga "ver" ou "ouvir" os personagens e viver as fortes emoções. Quando as palavras descrevem uma situação perigosa, você reage como se alguém estivesse realmente em perigo: a musculatura se enrijece, o batimento cardíaco acelera, a adrenalina sobe. Ainda assim, são apenas pequenos sinais impressos numa página. Fascinantes as palavras! Mas o que são, na realidade?

Palavras e pensamentos

Os seres humanos se apoiam muito em palavras. Outros animais utilizam gestos ou expressões faciais e uma infinidade de sons para se comunicar, e nós também, mas somos o único animal que usa palavras. Elas são, basicamente, um intrincado sistema de símbolos. (Um símbolo é algo que representa ou se refere a outra coisa.) Por exemplo, a palavra *cão*, em português, se refere a um certo tipo de animal. Em francês, *chien* tem como referência o mesmo animal, assim como *cane* em italiano. Três símbolos diferentes, todos com a mesma referência.

O que quer que possamos perceber, sentir, pensar, observar, imaginar ou com que interagir pode ser simbolizado por palavras: tempo, espaço, vida, morte, céu, inferno, lugares que nunca existiram, fatos da atualidade e assim por diante. Se você sabe a que se refere determinada palavra, sabe seu significado e pode compreendê-la. No entanto, se não sabe, é incapaz de entendê-la. Por exemplo, "hiperidrose axilar" é um termo médico que a maioria de nós não compreende. Significa "excesso de suor nas axilas". Agora que sabe a que se refere "hiperidrose axilar", você pode compreender as palavras.

Fazemos uso das palavras em dois contextos diferentes: em público, quando falamos, escutamos ou escrevemos, e em particular, quando pensamos. Se estão numa página, as chamamos de texto; se são proferidas, de discurso; e se dentro da cabeça, de pensamentos.

É importante não confundir pensamentos com imagens mentais ou sensações físicas que em geral as acompanham. Um pequeno experimento, para esclarecer a diferença: por alguns minutos, pense no que pretende preparar para o café da manhã do dia seguinte. Enquanto pensa, feche os olhos e observe seus pensamentos à medida que surgem. Observe a forma que assumem. Feche os olhos e faça isso por cerca de meio minuto.

• • • • •

O que percebeu? É possível que tenha visto "figuras" em sua mente; você se "viu" cozinhando e comendo, como se estivesse numa tela de TV. A esses quadros mentais damos o nome de "imagens". Imagens não são pensamentos, embora muitas vezes ocorram juntos. Talvez você também tenha percebido sentimentos ou sensações pelo corpo, como se estivesse mesmo preparando e tomando seu café. Esses também não são pensamentos, são sensações. Você pode ter ouvido palavras, como se alguém as falasse. Tais palavras talvez tenham descrito o que você pretende comer: "Só vou comer torrada com pasta de amendoim." Essas palavras dentro da cabeça são os pensamentos. Resumindo:

Pensamentos = palavras dentro da cabeça
Imagens = figuras dentro da cabeça
Sensações = sentimentos pelo corpo

É importante se lembrar dessa distinção, pois lidarmos com as experiências internas de diferentes formas. Vamos nos concentrar nas imagens e nas sensações mais adiante. Por agora, consideremos os pensamentos.

Os seres humanos confiam muito em seus pensamentos: eles nos informam sobre nossa vida e como vivê-la, descrevem como somos e como deveríamos ser, e dizem o que fazer e o que evitar. Ainda assim, não passam de palavras, e por isso, na TAC, é frequente nos referirmos a eles como "histórias". Às vezes, são histórias verídicas (fatos), outras vezes são falsas. Entretanto, a maior parte não é nem uma nem outra. São, em sua maioria, histórias sobre nossa forma de ver a vida (opiniões, atitudes, julgamentos, ideais, crenças, teorias, morais etc.) ou sobre o que queremos dela (planos, estratégias, metas, desejos, valores etc.). Na TAC, nosso maior interesse não é se um pensamento é verdadeiro ou falso, mas se é útil. Ou seja, se prestarmos atenção nele, isso vai nos ajudar a construir a vida que desejamos?

A história não é o evento

Imagine que um policial prenda um assaltante de banco armado, em meio a um grande tiroteio. No dia seguinte, lemos sobre o acontecido nos jornais. Um determinado jornal faz um relato pormenorizado do fato corretamente: o nome do policial, a localização do banco, talvez até o número exato de disparos. Outro faz um registro menos preciso, talvez exagerando alguns detalhes em nome do sensacionalismo, ou apenas apresenta erradamente os fatos. Mas, seja a história inteiramente verdadeira ou falsa, ainda é só uma história. E quando a lemos, não estamos presentes ao evento. Na verdade, não há nenhuma troca de tiros diante de nós. Tudo o que temos são palavras e imagens. Os únicos capazes de vivenciar o evento são aqueles que o presenciaram no momento em que ocorreu: as "testemunhas oculares". Somente a testemunha ocular pôde de fato ouvir o som dos tiros ou ver as armas disparando. Não importa o nível de detalhe da descrição: a história não é o evento (e vice-versa).

Sabemos, é claro, que reportagens de jornais são tendenciosas. Não nos apresentam a verdade absoluta, mas, sim, um ângulo do ocorrido, que reflete o ponto de vista editorial e o posicionamento do jornal. Sabemos também que a qualquer momento podemos interromper a leitura. Se a história não oferece nada de útil, podemos deixar o jornal de lado e fazer algo construtivo.

Entretanto, o que pode parecer óbvio em se tratando de jornais não é assim tão evidente quando se trata das histórias em nossa mente. Com grande frequência, reagimos a nossos pensamentos como se fossem a verdade absoluta ou como se merecessem toda a nossa atenção. O jargão psicológico para essa reação é "fusão".

O que é fusão?

"Fusão" significa misturar, amalgamar. Imagine duas placas de metal sendo fundidas. Ficam agarradas uma à outra, sem que possamos separá-las novamente. Na TAC, empregamos o termo "fusão" para indicar que um pensamento e o objeto a que ele se refere — a história e o evento — estão colados um no outro, como se fossem um só. Assim, reagimos a palavras sobre uma lima como se ela realmente existisse; reagimos às palavras de um romance policial como se alguém de fato estivesse prestes a ser assassinado; reagimos a palavras como "sou inútil" como se fôssemos mesmo inúteis, e a palavras como "vou falhar" como se o fracasso fosse um resultado previsível. Num estado de fusão, parece que:

- Os pensamentos correspondem à realidade — aquilo que pensamos é o que de fato acontece.
- Os pensamentos correspondem à verdade — acreditamos piamente neles.
- Os pensamentos são importantes — são levados a sério e recebem toda a nossa atenção.
- Os pensamentos são ordens — obedecemos a eles automaticamente.
- Os pensamentos são sensatos — presumimos que sabem mais e seguimos seus conselhos.
- Os pensamentos podem ser ameaças — alguns pensamentos podem ser profundamente perturbadores ou atemorizantes e sentimos a necessidade de nos livrar deles.

Lembra-se de Michelle, atormentada por pensamentos como "não tenho jeito", "sou uma mãe relapsa" e "ninguém gosta de mim"? Num estado de fusão, esses pensamentos soam como verdade absoluta. Como resultado, ela se sentia péssima. "Nenhuma novidade", podemos concluir. "Com pensamentos assim, qualquer um se sentiria perturbado." Certamente era no que Michelle acreditava — de início. Entretanto, logo ela descobriu que poderia reduzir, de imediato, o impacto desses pensamentos empregando a técnica simples descrita a seguir. Leia as instruções primeiro e, em seguida, experimente aplicá-las.

"ESTOU TENDO O PENSAMENTO DE QUE..."

Para começar o exercício, tenha em mente um pensamento perturbador que siga o padrão "eu sou X". Por exemplo, "eu não sou bom o bastante" ou "eu sou incompetente". Escolha, de preferência, um pensamento recorrente, que costume aborrecê-lo ou perturbá-lo. Agora se concentre nesse pensamento e acredite nele tanto quanto possível por dez segundos.

• • • • •

A seguir, insira na frente do pensamento a seguinte frase: "Estou tendo o pensamento de que..." Acione novamente o pensamento anterior, só que desta vez antecedido pela frase. Pense consigo mesmo: "Estou tendo o pensamento de que sou X." Veja o que acontece.

• • • • •

Agora repita a operação, desta vez, porém, com a frase ligeiramente maior: "Percebo que estou tendo o pensamento de que..." Pense consigo mesmo: "Percebo que estou tendo o pensamento de que sou X." Veja o que acontece.

• • • • •

Conseguiu? Lembre-se: não se pode aprender a andar de bicicleta apenas lendo sobre o assunto; você tem de sentar numa bicicleta e pedalar de verdade. E você não aproveitará o livro se apenas ler os exercícios. É preciso praticar algumas habilidades novas se quiser mudar sua forma de lidar com pensamentos dolorosos. Então, se ainda não fez o exercício, volte ao início, por favor, e faça-o.

• • • • •

Então, o que aconteceu? Provavelmente verificou que a inserção das frases distancia você um pouco do pensamento em si; como se tivesse dado um "passo para trás" — caso não tenha notado qualquer diferença, tente novamente com outro pensamento.

Você pode usar essa técnica com qualquer pensamento desagradável. Por exemplo, se sua mente diz "a vida é uma droga!", simplesmente reconheça: "Estou tendo o pensamento de que a vida é uma droga!" Se sua mente afirmar "eu vou falhar!", diga: "Estou tendo o pensamento de que vou falhar!" O emprego dessa frase significa que você está menos predisposto a ser atingido ou arrastado por pensamentos. Em vez disso, consegue dar um passo para trás e perceber os pensamentos pelo que são: nada mais que palavras passando pela cabeça. Chamamos esse processo de "desfusão". No estado de *fusão,* os pensamentos parecem ser *verdades absolutas* e *muito importantes*. Num estado de desfusão, porém, reconhecemos que pensamentos:

- são meros sons, palavras, histórias ou trechos de um discurso;
- podem ou não ser verdadeiros — não acreditamos neles automaticamente;
- podem ser importantes ou não — devemos prestar atenção neles apenas se forem úteis;
- decididamente não são ordens — com certeza não temos de lhes obedecer;
- podem ser sensatos ou não — não seguimos automaticamente seus conselhos;
- nunca são ameaças — mesmo o mais doloroso ou perturbador dos pensamentos não representa uma ameaça.

Na TAC, temos diversas técnicas que facilitam a desfusão. Algumas podem parecer, a princípio, meio fantasiosas, mas pense nelas como rodinhas auxiliares de uma bicicleta: uma vez capaz de andar nela, não se precisa mais das rodas. Experimente cada técnica à medida que for apresentada e descubra a que funciona melhor para você. Lembre-se de que, ao usá-las, a meta da desfusão não é se livrar do pensamento, mas percebê-lo tal como é — uma sequência de palavras — e parar de lutar contra ele.

A técnica seguinte requer habilidades musicais. Mas não se preocupe, ninguém vai ouvir a não ser você.

PENSAMENTOS MUSICADOS

Relembre uma autoavaliação negativa que costuma incomodar quando aparece. Por exemplo: "Sou um grande idiota!" Agora, mantenha esse pensamento e acredite nele, o máximo que puder, por cerca de dez segundos. Repare como ele afeta você.

• • • • •

Imagine-se agora considerando o mesmo pensamento, cantando-o com a melodia do "Parabéns pra você". Cante mentalmente. Observe o que acontece.

• • • • •

Retome o pensamento na sua forma original e, novamente, mantenha-o em mente, acreditando nele o máximo possível por cerca de dez segundos. Observe como você é afetado.

• • • • •

Agora, considere o pensamento e cante-o com a melodia de "Jingle Bells". Cante mentalmente apenas e observe o que acontece.

• • • • •

Concluído o exercício, você talvez tenha verificado que já não está levando o pensamento tão a sério. Repare que nem o desafiou. Não tentou se livrar dele, não questionou se seria verdadeiro ou falso, nem tentou substituí-lo por um pensamento positivo. Então, o que aconteceu? Em essência, você o "desfundiu". Ao colocar o pensamento dentro de uma melodia, você percebeu que ele é feito de palavras, como a letra de uma canção.

A mente é uma grande contadora de histórias

A mente adora contar histórias e, na verdade, nunca para. Diariamente, o dia inteiro, ela nos conta histórias sobre como deveríamos estar vivendo, o que os outros pensam de nós, o que nos aguarda no futuro, o que houve de errado no passado, e assim por diante. É como uma rádio que nunca interrompe as transmissões.

Infelizmente, muitas dessas histórias são negativas — "não sou bom o bastante", "não consigo", "estou tão gordo", "minha vida é péssima", "vou fracassar", "ninguém gosta de mim", "esse relacionamento está amaldiçoado", "não vou aguentar", "nunca serei feliz" etc.

Não há nada de anormal nisso. A mente humana evoluiu para pensar negativamente, e pesquisas indicam que cerca de 80% dos nossos pensamentos possuem algum grau de negatividade. Já vimos, porém, como essas histórias, se consideradas verdades absolutas, podem de imediato provocar ansiedade, depressão, raiva, baixa autoestima, incerteza e insegurança.

A maioria das abordagens psicológicas encara histórias negativas como um problema e fazem grande estardalhaço para tentar eliminá-las. Algumas abordagens nos aconselham a reescrever a história, deixando-a mais positiva; a nos livrar dela, substituindo-a por outra melhor; a buscar distrações; a bani-la do pensamento; ou a discutir com ela, questionando se é verdadeira ou falsa. No entanto, será que você já não utilizou métodos como esses? A realidade é que eles não conseguirão eliminar as histórias negativas, não a longo prazo. Na TAC, a abordagem é bem diferente: as histórias negativas não são vistas como um problema em si. Só quando nos "fundimos" nelas, quando reagimos como se fossem verdadeiras e nelas concentramos toda nossa atenção, é que se tornam problemáticas.

Ao lermos sobre celebridades nos tabloides, sabemos que muitas histórias são falsas ou enganosas. Algumas são exageradas, outras, totalmente inventadas. No entanto, há famosos tolerantes, que as aceitam como parte da fama, e não se sentem atingidos. Ao saberem dessas histórias ridículas, simplesmente as ignoram. Certamente não vão perder tempo lendo, analisando e discutindo. Outras celebridades, no entanto, ficam transtornadas. Depois de lê-las, ficam remoendo, esbravejam, reclamam e abrem processos (o que é estressante e consome muito tempo, além de energia e dinheiro).

A desfusão nos permite ser como o primeiro conjunto de celebridades: as histórias continuam existindo, mas não as levamos a sério. Não damos muita atenção a elas, e com certeza não perdemos tempo e energia tentando combatê-las. Na TAC, não tentamos evitar ou nos livrar da história. Sabemos como isso é ineficaz. Em vez disso, simplesmente reconhecemos: "Isso é uma história."

DANDO NOME À HISTÓRIA

Identifique as histórias favoritas da sua mente e lhes atribua nomes, como a história do perdedor, a da "minha vida é uma droga!" ou a do "não consigo fazer isso!". Muitas vezes, temos variações sobre o mesmo tema. Por exemplo: o "ninguém gosta de mim" pode surgir como "sou um chato", "sou indesejável", "sou gordo", "sou incompetente" ou "sou tolo". Quando suas histórias surgirem, reconheça-as pelo nome. Você poderia dizer para si: "Ah, sim. Essa eu conheço, é uma das minhas favoritas: 'sou um fracasso'." Ou: "Ah! Lá vem a história do 'não vou suportar'." Uma vez reconhecida a história, deixe que aconteça. Você não precisa desafiá-la ou afastá-la nem prestar muita atenção nela. Deixe apenas que venha e vá livremente, enquanto você canaliza sua energia para algo que valorize.

Michelle, que encontramos algumas páginas atrás, identificou duas histórias principais: "eu não presto" e "eu sou desprezível". O fato de reconhecer seus pensamentos pelo nome a deixou bem menos predisposta a eles. Para ela, porém, a técnica preferida foi, de longe, a dos pensamentos musicados. Sempre que se via engrenando em uma história, ela musicava as palavras e logo notava que perdiam todo o seu poder. Sem se ater ao "Jingle Bells", Michelle experimentou outros ritmos, de Beethoven a Beatles. Após uma semana praticando a técnica repetidamente, passou a não levar tão a sério seus pensamentos, mesmo sem a música. Eles não haviam desaparecido, só a importunavam bem menos.

Sem dúvida, você está cheio de perguntas. Mas seja paciente. Nos próximos capítulos, examinaremos a desfusão mais detalhadamente, inclusive empregando-a com imagens mentais. Por ora, pratique as três técnicas já vistas: "Estou tendo o pensamento de que...", Pensamentos Musicados e Dando Nome à História.

É claro que, se uma determinada técnica não agradar, pode deixá-la de lado. Se tiver uma favorita, concentre-se nela. Utilize as técnicas regularmente com seus pensamentos preocupantes, no início ao menos dez vezes por dia. Quando se sentir estressado, ansioso ou deprimido, pergunte-se: "Que história minha mente está me contando?" Em seguida, tão logo a tenha identificado, procure desfundi-la.

O importante é não criar grandes expectativas. Às vezes a desfusão acontece facilmente, mas também pode não acontecer. Portanto, recorra a esses métodos e repare no que acontece, sem esperar uma transformação imediata.

Caso isso pareça muito difícil, simplesmente reconheça: "Estou tendo o pensamento de que é muito difícil!" Não há problema em pensar que "dá muito trabalho", "é tolice" ou "não vai funcionar". Esses são apenas pensamentos. Percebam-os pelo que são e deixe-os acontecer.

"Tudo bem", você talvez diga, "mas e se os pensamentos forem verdadeiros?"

Boa pergunta.

Capítulo 5

O VERDADEIRO BAIXO-ASTRAL

Para a TAC, não importa se um pensamento é falso ou verdadeiro. O mais relevante é a sua utilidade. Verdadeiros ou não, pensamentos não passam de palavras. Se forem úteis, merecem sua atenção. Não sendo, por que se preocupar?

Suponhamos que eu cometa alguns erros graves no trabalho e minha mente me acuse de incompetência. Este pensamento não me ajuda em nada; não mostra o que posso fazer para melhorar a situação. Só humilha. Derrubar-me não dá nenhum resultado. Em vez disso, o que preciso fazer é agir: aprimorar minhas habilidades ou pedir ajuda.

Suponhamos, ainda, que estou acima do peso e ouça da minha mente: "Você é um monte de banha! Olha só essa barriga — que desgosto!" Um pensamento inútil: só acusa, deprecia e humilha. Não me incentiva a comer com sensatez ou a me exercitar; só faz com que eu me sinta medíocre.

Podemos perder tempo tentando decidir se pensamentos são mesmo verdadeiros, e repetidas vezes a mente tentará puxá-lo para esse debate. Entretanto, embora às vezes isso seja importante, na maior parte do tempo é irrelevante e desperdiça muita energia.

Uma abordagem mais útil é perguntar se o pensamento ajuda, se contribui para que você de fato tome atitudes no sentido de alcançar a vida que deseja. Em caso positivo, preste atenção.

Caso contrário, procure desfundi-lo. "Mas e se o pensamento negativo for útil? E se a afirmação de que estou gordo me estimular a perder peso?" É justo. Se determinado pensamento negativo motiva você *de verdade*, então o utilize. No entanto, quase sempre autocríticas como essa não motivam ações eficazes. Em geral, eles só trazem culpa, estresse, depressão, frustração ou ansiedade. É comum que pessoas com problemas de peso reajam a emoções desagradáveis comendo *ainda mais,* na vã tentativa de se sentir melhor. Na TAC, enfatizamos muito ações eficazes para melhorar a qualidade de vida. Nos próximos capítulos, veremos como fazê-lo. Por ora, basta dizer que pensamentos críticos, insultos, julgamentos, autodepreciação ou culpa tendem a diminuir sua motivação, não a aumentá-la. Portanto, quando pensamentos perturbadores pipocarem, talvez seja útil você fazer uma ou mais das perguntas abaixo:

- É um pensamento antigo? Já o ouvi antes? Vou obter algo útil se ouvi-lo novamente?
- O pensamento me ajuda a agir de modo eficaz para melhorar minha vida?
- O que eu ganharia "embarcando" nele?

A essa altura, você estará imaginando: como distinguir se um pensamento é útil ou não? Se não estiver seguro, pode se perguntar:

- Ele me ajuda a ser a pessoa que quero ser?
- Ele me ajuda a construir os relacionamentos que gostaria de ter?
- Ele me ajuda a estar ligado àquilo que realmente valorizo?
- Ele me ajuda, a longo prazo, a ter uma vida mais rica, plena e significativa?

Caso a resposta a quaisquer dessas perguntas seja "sim", então o pensamento provavelmente é útil. Caso contrário, provavelmente é inútil.

Pensamentos são apenas histórias

No capítulo 4, explorei o conceito de que, basicamente, pensamentos são apenas "histórias" — um punhado de palavras interligadas para dizer algo. No entanto, se pensamentos não passam de histórias, como sabemos em quais acreditar? A resposta tem três partes: primeiro, esteja atento para não se apegar demais a qualquer crença. Todos nós temos crenças. Porém, quanto mais presos estivermos a elas, mais inflexíveis serão nossas atitudes e comportamentos. Se você alguma vez já tentou discutir com alguém que acreditava piamente estar certo, sabe como é inútil — a outra pessoa jamais enxergará outro ponto de vista que não o dela mesma. São aqueles que descrevemos como inflexíveis, rígidos, obtusos ou "teimosos que nem uma mula".

Além disso, se você refletir sobre sua experiência pessoal, verá que suas crenças mudam com o tempo. Ou seja, as crenças que um dia sustentou podem hoje ser motivo de piada. Em algum momento da vida, você provavelmente já acreditou em Papai Noel, Coelhinho da Páscoa, Fada do Dente, dragões, duendes ou vampiros. E quase todos mudam suas crenças religiosas, políticas, financeiras, familiares ou relacionadas à saúde em algum momento, à medida que envelhecem. Portanto, por favor, mantenha suas crenças — mas não deixe que sejam tão rígidas. Tenha em mente que são todas histórias, "verdadeiras" ou não.

Em segundo lugar, se determinado pensamento o ajuda na construção de uma vida rica, plena e significativa, use-o. Preste atenção nele e o utilize como orientação e motivação — mas, ao mesmo tempo, lembre que ainda é apenas uma história; são apenas palavras. Portanto, faça uso dele sem agarrá-lo com muita força.

Por último, na TAC, o alertamos para que tenha muita atenção com o que *realmente acontece,* em vez de acreditar automaticamente no que a mente diz. Por exemplo, você já deve ter ouvido falar na "síndrome do impostor". É quando alguém que faz seu trabalho competente e eficazmente acredita ser apenas uma fraude, que na verdade não sabe o que está fazendo. O impostor pensa estar blefando o tempo todo, sempre na iminência de ser "descoberto". Os portadores dessa síndrome não focam em sua experiência direta, nos fatos claramente observáveis. Em vez disso, dedicam-se a ouvir sua mente hipercrítica, que diz: "Você não sabe o que está fazendo. Mais cedo ou mais tarde, todos perceberão que você é uma farsa."

Nos meus primeiros anos de prática médica, passei por uma séria crise de síndrome do impostor. Se um de meus pacientes me agradecesse e elogiasse, eu costumava pensar: "Você não diria isso se soubesse quem realmente sou." Nunca conseguia apenas aceitar elogios, porque, embora meu desempenho real fosse bom, minha mente continuava dizendo que eu era inútil, e eu acreditava nela.

Toda vez que eu cometia um erro, ainda que fosse dos mais comuns, duas palavras automaticamente ardiam na minha cabeça: "Sou incompetente." Na época eu ficava muito aborrecido, acreditava que aquela era a verdade absoluta. Em seguida, começava a duvidar de mim mesmo e ficava muito ansioso em relação às decisões que havia tomado. Será que havia errado no diagnóstico daquela dor de estômago? Será que havia prescrito o antibiótico errado? Será que não havia percebido algo grave?

Várias vezes me vi discutindo com meus pensamentos, argumentando que todos cometem erros, inclusive médicos, que nenhum deles nunca fora sério, e que em geral eu fazia um ótimo trabalho. Também listava tudo aquilo que havia feito bem e tentava me lembrar do *feedback* positivo recebido de pacientes e colegas. Ou repetia afirmações positivas sobre minhas capacidades. Nada disso, porém, conseguia me livrar do pensamento negativo ou fazia com que ele parasse de me incomodar.

Atualmente, as mesmas duas palavras ainda surgem com frequência quando cometo um erro. A diferença é que agora não me incomodam mais — por que não as levo a sério. Sei que são apenas uma resposta automática, como os olhos que se fecham ao espirrarmos. O fato é que não escolhemos a maior parte dos nossos pensamentos, a não ser que estejamos fazendo planos, ensaiando ou usando nossa criatividade.

A maioria dos pensamentos, porém, apenas "aparece" quando bem entende. Temos milhares de pensamentos inúteis ou improdutivos diariamente e, sejam eles duros, cruéis, tolos, vingativos, críticos, aterrorizantes ou até completamente estranhos, não temos como evitá-los. Entretanto, só porque apareceram não quer dizer que precisamos levá-los a sério.

No meu caso, o "sou incompetente" existia bem antes da minha carreira na medicina. Em diferentes aspectos da vida, desde aprender a dançar até usar um computador, qualquer erro disparava o mesmo pensamento. Claro que nem sempre com essas palavras. Muitas vezes eram variações do mesmo tema, como "idiota!" ou "será que não consegue fazer nada direito?". Esses pensamentos, porém, não são um problema se os percebemos pelo que realmente são: apenas palavras pipocando na cabeça. Em essência, quanto mais sintonizados estamos com nossa experiência direta da vida (e não com nosso comentário interno), mais fortalecidos ficamos para levarmos nossa vida na direção que realmente desejamos. Nos capítulos à frente, você vai aprender a desenvolver essa capacidade.

As histórias nunca param

A mente nunca para de contar histórias — nem mesmo quando dormimos. Ela está constantemente comparando, julgando, avaliando, criticando, planejando, pontificando e fantasiando, sendo que muitas histórias que conta são só chamados desesperados por atenção. Repetidamente nos perdemos nelas — processo para o qual damos diferentes nomes. Falamos em estar preocupados ou "perdidos em pensamento" ou "imersos", em "brincar com uma ideia", ou ser "arrastados" por pensamentos. Essas expressões ilustram o quanto nossos pensamentos consomem tempo, energia e atenção. Na maior parte das ocasiões, os levamos a sério demais e lhes atribuímos uma atenção exagerada. O exercício seguinte demonstra a diferença entre atribuir importância a um pensamento e não levá-lo a sério.

NÃO LEVAR UM PENSAMENTO A SÉRIO

Relembre um pensamento que normalmente o aborreça, que assuma a forma "eu sou X" (por exemplo, "eu sou incapaz"). Mantenha-o na mente e repare em como o afeta.

• • • • •

Agora, mentalize o pensamento "eu sou uma banana!". Mantenha-o na mente e repare em como o afeta.

• • • • •

O que percebeu? A maioria das pessoas verifica que o primeiro pensamento incomoda, enquanto o segundo diverte. Por quê? Porque o segundo pensamento não é levado a sério. No entanto, se as palavras que se seguem ao "eu sou" forem "um perdedor", "um fracasso", "uma baleia" ou "um chato", no lugar de "uma banana", atribuímos muito mais importância a elas. E, ainda assim, não passam de palavras. As duas técnicas seguintes oferecem procedimentos simples para levar um pensamento menos a sério.

AGRADEÇA À SUA MENTE

Eis uma técnica simples e eficaz de desfusão. Quando aquelas mesmas velhas histórias vierem à mente, agradeça, dizendo para si mesmo, em silêncio: "Obrigado pela informação, mente!", ou "Obrigado por dividir isso comigo!", ou "Sério? Fascinante!". Ou mesmo apenas "Obrigado, mente!".

Ao agradecer, não seja sarcástico ou agressivo, mas caloroso e bem-humorado, num legítimo reconhecimento pela incrível capacidade de sua mente para contar histórias. É possível ainda combinar esta técnica com a Dando Nome à História: "Ah, sim, a história do 'eu sou um fracasso'. Sou muito grato, mente!"

A seguir, outra técnica que o ajudará a levar seus pensamentos menos a sério. Primeiro, leia todas as instruções e depois experimente aplicá-las.

A TÉCNICA DAS VOZES RIDÍCULAS

Essa técnica é particularmente eficaz contra autoavaliações negativas. Encontre um pensamento que aborreça ou incomode. Concentre-se nele por dez segundos, acreditando tanto quanto possível. Repare em como ele o afeta.

• • • • •

Em seguida, escolha um personagem de desenho animado com uma voz engraçada, como Mickey, Pernalonga, Shrek ou Homer Simpson. Agora relembre o pensamento perturbador, mas "ouça-o" na voz do personagem, como se ele estivesse narrando seus pensamentos. Repare no que acontece.

• • • • •

Agora reconsidere o pensamento no formato original e novamente acredite nele para valer. Perceba como ele o afeta.

• • • • •

Em seguida, escolha um personagem de desenho animado, filme ou seriado de TV. Considere personagens lendários, como Darth Vader e Yoda, de *Star Wars*, ou Gollum, de *O senhor dos anéis*, ou algum saído de seu seriado favorito, ou atores com vozes bem peculiares, como Arnold Schwarzenegger ou Eddie Murphy. Relembre o pensamento e "ouça-o" novamente na voz escolhida. Repare no que acontece.

• • • • •

Concluído o exercício, depois de repeti-lo, você provavelmente observará que já não leva o pensamento negativo tão a sério. Talvez tenha até se pegado rindo ou gargalhando dele. Note que não tentou modificar o pensamento, livrar-se dele, discutir com ele, afastá-lo, argumentar sobre sua veracidade, substituí-lo por algo mais positivo ou se distrair dele. Limitou-se a vê-lo como realmente é: um conjunto de palavras. Ao pegar essas palavras e ouvi-las numa voz diferente, você se deu conta de que são apenas isso, e assim amorteceu o seu impacto. Como diz uma cantiga, "paus e pedras meus ossos quebrarão, palavras, porém, jamais me atingirão". Infelizmente, quando crianças, não tínhamos como colocá-la em prática tão bem, já que não nos ensinaram as habilidades de desfusão.

Uma paciente minha — vamos chamá-la de Jana — achou esse método extremamente útil para lidar com seu quadro depressivo. Sua mãe a criara com uma agressão verbal abusiva, com críticas e insultos constantes. Esses insultos eram agora pensamentos negativos recorrentes: "você é gorda", "você é feia", "você é burra", "você nunca irá a lugar algum" e "ninguém gosta de você". Ao se lembrar desses pensamentos em nossas consultas, Jana muitas vezes começava a chorar. Havia passado tantos anos (e gasto milhares de dólares) em terapia tentando se livrar deles. Tudo em vão.

Jana era "fã de carteirinha" dos comediantes do Monty Python, e escolheu um personagem de um dos filmes do grupo, *A vida de Brian*. No filme, a mãe de Brian, papel do ator Terry Jones, está sempre criticando o filho aos berros, com uma voz ridiculamente aguda. Quando Jana "ouvia" seus pensamentos negativos naquela voz, não conseguia levá-los a sério. Eles não desapareceram de imediato, mas rapidamente perderam o poder sobre ela, o que muito contribuiu para o fim da depressão.

Mas e se um pensamento for grave? Por exemplo, se você estiver morrendo de câncer e pensar que está para morrer? Do ponto de vista da TAC, o fundamental é saber se o pensamento é útil, e não se é verdadeiro ou falso, sério ou ridículo, negativo ou positivo, otimista ou pessimista. O ponto de partida é sempre o mesmo: esse pensamento o ajuda a buscar o seu melhor? Se você tem mesmo só alguns meses de vida, é importante refletir sobre como quer passá-los. Que laços precisa reatar? O que quer fazer e quem quer rever? Portanto, um pensamento do tipo "estou para morrer" será útil se o estimular a refletir e agir de forma eficaz. Sendo este o caso, você não deveria desfundir o pensamento. Prestaria atenção nele, utilizaria-o para ajudá-lo a fazer o que precisa ser feito. Suponha, porém, que ele se transforme em obsessão e você o mantenha na cabeça o tempo todo. Seria útil passar suas últimas semanas de vida pensando o dia inteiro que está para morrer, concentrando toda sua atenção nisso e não naqueles que ama?

Para alguns, a técnica das Vozes Ridículas pode parecer inadequada para um pensamento assim, por parecer banalizar uma situação grave. Se assim parecer, não a utilize. Mas é importante observar que a desfusão não tem nada a ver com banalização ou ridicularização de problemas genuínos. Ela tem por meta nos libertar da opressão dos pensamentos e liberar tempo, energia e atenção que possam ser investidos em atividades produtivas, em vez de remoermos inutilmente os mesmos pensamentos. Portanto, se pensar "estou para morrer" continua sugando toda sua atenção, impedindo-o de estar em contato com seus entes queridos, você pode desfundir esse pensamento de muitas maneiras diferentes. Pode reconhecê-lo: "Ah! Olha aí a história da 'morte iminente' de novo", ou "Estou tendo o pensamento de que estou para morrer". Ou simplesmente dizer: "Obrigado, mente!"

Não pense que terá que passar o resto da vida agradecendo ou ouvindo seus pensamentos com vozes ridículas. Os métodos são apenas a alavanca inicial. Ao longo do tempo, você conseguirá desfundir os pensamentos instantaneamente, sem a ajuda de técnicas artificiais (embora continuem sempre existindo ocasiões em que será útil sacá-las do seu kit de ferramentas psicológicas).

Ao praticar a desfusão, é importante manter em mente o seguinte:

- Sua meta não é se livrar de pensamentos desagradáveis, mas, sim, percebê-los pelo que são — palavras — e deixar de lutar contra eles. Às vezes os pensamentos irão embora rapidamente, às vezes, não. Se começar a criar expectativas, estará se candidatando à decepção ou à frustração.

- Não espere que as técnicas o façam sentir-se bem. Muitas vezes, desfundir um pensamento perturbador fará você se sentir melhor. Esse, porém, é apenas um subproduto, não a meta principal. O objetivo mais importante da desfusão é desembaraçá-lo de processos mentais inúteis, de modo a poder concentrar a atenção em coisas mais importantes. Portanto, quando a desfusão lhe trouxer uma sensação de melhora, aproveite, mas não crie a expectativa de que ela lhe trará sempre, nem comece a tentar controlar seus sentimentos, pois assim será capturado de volta pela armadilha da felicidade.
- Lembre-se de que é humano, e, portanto, muitas vezes se esquecerá de usar as novas habilidades. Tudo bem, porque no momento em que se perceber atordoado por pensamentos inúteis, pode imediatamente recorrer a uma dessas técnicas para se restabelecer.
- Lembre-se de que nenhuma técnica é infalível. Pode haver ocasiões em que você tentará empregá-las e a desfusão, ainda assim, não acontecerá. Caso isso ocorra, simplesmente observe a fusão com seus pensamentos. Aprender a distinguir entre fusão e desfusão já é útil.

A desfusão é como qualquer outra habilidade: quanto mais você pratica, melhor fica. Portanto, acrescente o Agradeça à Sua Mente e as Vozes Ridículas ao seu repertório e tenha como meta utilizá-las de cinco a dez vezes por dia.

A essa altura, não espere mudanças drásticas. Apenas observe o que acontece à medida que for incorporando essas práticas à sua rotina. E, caso tenha qualquer dúvida ou preocupação, anote-as. No próximo capítulo, vamos examinar problemas que muitos apontam na desfusão e, mais importante, vamos aprender a superá-los.

Capítulo 6

RESOLVENDO PROBLEMAS DE DESFUSÃO

— A desfusão não funciona! — exclamou rispidamente John.

— O que você quer dizer? — perguntei.

— Bem — disse ele —, tive de fazer uma apresentação no trabalho diante de umas cinquenta pessoas. Minha mente ficava repetindo que eu ia fazer tudo errado e me dar mal, então tentei aquelas técnicas de desfusão, mas não adiantaram nada.

— Você quer dizer que acreditou piamente na história de que ia fazer tudo errado?

— Não, nisso a desfusão ajudou, parei de levar a história a sério.

— Então por que diz que não funcionou?

— Porque continuei ansioso.

— John — respondi —, tenho dado palestras por mais de vinte anos e ainda me sinto ansioso cada vez que subo ao palco. Estive com centenas de pessoas que se dirigem a plateias regularmente, como parte de sua profissão, e sempre que pergunto se ficam ansiosas, quase todas respondem afirmativamente. A questão é: se você pretende se engajar em qualquer tipo de desafio, se está prestes a assumir um risco relevante, a ansiedade é normal. Ela vai estar presente, e a desfusão de pensamentos negativos não vai eliminá-la.

As estratégias de controle se tornam problemáticas quando utilizadas em demasia, de forma inadequada, em situações nas quais não têm como funcionar ou quando prejudicam a qualidade de vida. A desfusão é o oposto da estratégia de controle; é uma estratégia de aceitação. Na TAC, em vez de tentar mudar, evitar ou livrar-se de pensamentos e sentimentos desagradáveis, nossa meta é aceitá-los. Aceitar não significa gostar deles, mas parar de lutar contra eles. Quando paramos de desperdiçar energia tentando mudar, é possível canalizar essa energia para algo mais útil, mais fácil de ser explicado por uma analogia.

Imagine-se vivendo num pequeno país que faz fronteira com um vizinho hostil. Existe um estado prolongado de tensão entre os dois países. O país vizinho possui religião e sistema político diferentes e o seu país vê isso como ameaça. Há três cenários possíveis para o tipo de relação a se estabelecer com o país vizinho.

A pior hipótese é a guerra. Seu país ataca e o outro retalia (ou vice-versa). Com os dois países envolvidos num grande conflito, as duas populações sofrem. Pense em qualquer guerra de grandes proporções e os enormes custos envolvidos em termos de vidas perdidas, dinheiro e bem-estar.

Outro cenário, melhor do que o primeiro, porém ainda longe de ser satisfatório, é a trégua temporária. Ambos concordam com o cessar-fogo, mas sem reconciliação. O ressentimento fervilha sob a superfície e a ameaça de que o conflito volte a ser deflagrado é permanente. Pense na Índia e no Paquistão, sob ameaça constante da guerra nuclear e da intensa hostilidade entre hindus e muçulmanos.

A terceira possibilidade é a paz genuína. Vocês reconhecem as diferenças e permitem que simplesmente existam. Isso não descarta o outro país nem significa que tenha que gostar dele ou mesmo que o queira ali. Também não significa que apoia a religião que pratica ou seu sistema político. Entretanto, por não estar mais em guerra, você agora pode usar dinheiro e recursos para reconstruir a infraestrutura de seu próprio país, em vez de desperdiçá-los no campo de batalha.

O primeiro cenário, a guerra, é como lutar para se livrar de pensamentos e sentimentos indesejados. É uma batalha que não pode jamais ser vencida e que consome tempo e energia.

O segundo cenário, a trégua, é melhor, mas ainda está muito longe da verdadeira aceitação. Está mais para uma tolerância rancorosa; não há um movimento em direção a um novo futuro. Embora não exista um conflito em andamento, a hostilidade permanece, e você tem que se conformar com a tensão ininterrupta. A tolerância rancorosa em relação a pensamentos e sentimentos é melhor do que o conflito aberto, mas faz você se sentir paralisado e sem esperanças. Está mais para uma resignação do que para uma aceitação, mais para aprisionamento que para liberdade, mais para paralisação que para mobilização adiante.

O terceiro cenário, a paz, é a verdadeira aceitação. Observe que, neste cenário, seu país não precisa gostar do outro, aprovar sua existência, converter-se à sua religião ou aprender seu idioma. Você faz as pazes com ele: reconhece as diferenças, desiste de tentar mudá-las e concentra seus esforços apenas em tornar seu próprio país um lugar melhor. Acontece o mesmo quando você aceita seus pensamentos e sentimentos desagradáveis. Não é preciso gostar deles, desejá-los ou aprová-los; apenas selar sua paz com eles e deixá-los acontecer. É uma atitude que o libera para concentrar suas energias no agir — numa ação que impulsione sua vida na direção daquilo que valoriza.

O verdadeiro significado da aceitação

Aceitação não é desistir ou se conformar com qualquer coisa. Aceitação é abraçar a vida, não só tolerá-la. Aceitação é literalmente "receber aquilo que lhe é oferecido". Não é desistir ou reconhecer a derrota; não é cerrar os dentes e engolir o que vier. É, sim, a abertura total para o presente real — reconhecendo-o tal qual ele é, aqui e agora, e deixando para trás a luta contra a vida como está.

Mas e se você quiser melhorar sua vida e não só aceitá-la como é? Bem, este é o propósito geral deste livro. A maneira mais eficaz de fazer mudanças em sua vida é começar por aceitá-la completamente. Suponha que esteja andando sobre gelo. Primeiro você precisa encontrar um ponto de apoio firme, para poder dar o passo seguinte com segurança. Se tentar se mover para a frente sem o apoio seguro estará arriscado a cair de cara no chão.

A aceitação é encontrar esse ponto de apoio. É uma avaliação realista de onde seus pés estão e das condições do solo. Não significa que goste de ficar naquele ponto ou que pretenda ficar ali. Uma vez conseguido um apoio firme, você pode dar o próximo passo de modo mais eficaz. Quanto mais aceitar a realidade — conforme ela é aqui e agora —, maior será a eficácia com que agirá para mudá-la.

O Dalai Lama traz um exemplo maravilhoso. Ele aceita inteiramente a invasão da China ao Tibet e a obrigação de se exilar, vivendo fora de seu próprio país. Não perde tempo e energia com "doces ilusões", indignando-se ou remoendo coisas que já perdeu. Sabe bem que não vai ajudar. Tampouco admite a derrota ou joga a questão no "cesto das impossibilidades". Em vez disso, reconhece que por ora tem de ser assim, mas, ao mesmo tempo, faz tudo o que pode para melhorar sua situação: uma campanha ativa pelo mundo inteiro para aumentar a consciência pública e política em relação à situação do Tibet, para conseguir apoio financeiro para seu povo.

Em outro exemplo, consideremos a violência doméstica. Se seu companheiro é violento, o primeiro passo é aceitar a realidade da situação: você está em perigo e precisa tomar medidas para se proteger. O próximo passo é agir: conseguir apoio profissional, buscar amparo legal e/ou dar fim ao relacionamento. Para tal, você tem que aceitar a ansiedade, a culpa e outros pensamentos e sentimentos dolorosos que provavelmente surgirão. Portanto, a TAC se resume em: aceitação e ação, lado a lado. O cerne da filosofia da TAC aparece nitidamente contido no Desafio da Serenidade (minha versão para a conhecida Oração da Serenidade):

> Concedei-me serenidade para aceitar as coisas que não posso modificar, coragem para modificar aquelas que posso, e sabedoria para perceber a diferença.

Se a vida não está correndo bem, o sensato é agir para modificá-la. Isso será bem mais eficaz se começar pela aceitação. Todo tempo e energia perdidos na luta contra pensamentos e sentimentos poderiam ser mais bem investidos em ações eficazes.

Como utilizar a desfusão

Voltamos agora ao comentário de John de que "a desfusão não funciona". John estava tentando usar a desfusão para se livrar de sua ansiedade. Não surpreende que "não tenha funcionado"! A desfusão não é um jeito de controlar sentimentos. É apenas uma técnica de aceitação. É verdade que a desfusão de pensamentos inúteis muitas vezes reduz os sentimentos de ansiedade, mas esse é meramente um subproduto benéfico. Se tentar usar a desfusão para controlar sentimentos, mais cedo ou mais tarde você acabará frustrado.

E se você desfundir um pensamento e ele não for embora? Mais uma vez, a desfusão não significa se livrar de pensamentos, mas enxergá-los como realmente são, fazer as pazes com eles e permitir que existam sem combatê-los. Por vezes, irão embora com pouquíssimo alvoroço, contudo podem continuar por perto durante um bom tempo. Haverá também momentos em que irão embora só para retornar mais tarde. A questão é: uma vez que conflitos não são permitidos, é possível canalizar a atenção e a energia para atividades que você valoriza. Entretanto, se você espera que a desfusão dos pensamentos consiga descartá-los, é um forte candidato à decepção e a uma recaída na armadilha da felicidade.

Lembre-se de que não é preciso gostar de um pensamento para aceitá-lo. Não há problema em querer se livrar dele. Na verdade, é de se esperar. Porém, querer se livrar de algo é bem diferente de lutar veementemente para isso. Por exemplo, suponha que você possui um carro velho que não queira mais. Suponha que não terá oportunidade de vendê-lo por pelo menos mais um mês. Você pode querer se desfazer do carro e simultaneamente aceitar que ainda o tem. Não precisa acabar com o carro, sentir-se um lixo ou ficar bêbado todas as noites só porque ainda tem aquela lata-velha.

Portanto, se de fato se vir lutando contra um pensamento negativo, só preste atenção nele. Finja ser um cientista que observa a própria mente, repare nas diferentes formas pelas quais essa luta se manifesta. Você julga seus pensamentos bons ou maus, verdadeiros ou falsos, positivos ou negativos? Tenta afastá-los ou substituí-los por outros "melhores"? Discute com eles? Observe sua luta com interesse e perceba o que ela vem conseguindo.

Obviamente, algumas histórias são mais persistentes do que outras. Minha história de incompetência me acompanha desde a infância. Hoje em dia ela dá as caras com menos frequência, mas ainda pipoca de tempos em tempos. No entanto, não me atrapalha, porque não entramos em fusão com ela.

É importante que você abandone qualquer expectativa de que suas histórias vão desaparecer ou mesmo que vão aparecer com menos frequência. Aos poucos, muitas vezes, elas irão mesmo partir. No entanto, se estiver desfundindo as histórias com a intenção de afastá-las, então, por definição, não as estará aceitando de verdade. E você sabe aonde isso vai dar.

"Contudo", ouço você perguntar, "os pensamentos positivos não são melhores do que os negativos?" Não necessariamente. Lembre-se de que a pergunta mais importante é: "Será que este pensamento ajuda?" Suponha que um neurocirurgião alcoólatra diga para si mesmo: "Olha, sou o melhor neurocirurgião do mundo. Posso fazer cirurgias fantásticas mesmo tendo bebido." É um pensamento positivo, porém certamente nada útil. A maioria das pessoas condenadas por dirigirem bêbadas também pensava assim.

O mesmo se aplica a pensamentos neutros. Neste livro me refiro primordialmente aos pensamentos negativos, por serem eles os que, em geral, trazem mais problemas. Qualquer coisa, porém, que se aplique a tais pensamentos também se aplica aos positivos ou neutros. O ponto de partida não é se o pensamento é positivo ou negativo, verdadeiro ou falso, agradável ou desagradável, otimista ou pessimista. É saber se ele nos ajuda a construir uma vida gratificante.

Então, será que você deve acreditar em qualquer pensamento seu? Sim, mas apenas se for útil — e mantenha essa crença sem exagero. Mesmo acreditando, entenda que não passa de palavras.

À medida que o tempo passar e você prosseguir até o final do livro, aprenderá a desfundir pensamentos negativos rápida e facilmente. Contudo, é importante lembrar: a fusão não é o inimigo. Quando você está absorvido, fazendo planos ou resolvendo problemas, imerso num livro ou num filme, entretido numa conversa instigante ou sonhando acordado numa rede — todas essas atividades estimulam a vida e envolvem fusão. Portanto, a fusão não é o inimigo. Só é problema quando o impede de viver sua vida plenamente.

Os pensamentos negativos não são o inimigo, tampouco. Pela forma como a mente humana tem evoluído, muitos de nossos pensamentos são negativos em certa medida. Se os considerar inimigos, estará em conflito constante consigo mesmo. Pensamentos são apenas palavras, símbolos ou pedaços de linguagem, então por que declarar guerra contra eles? Nossa meta aqui é aumentar a autoconsciência, é reconhecer quando estivermos nos fundindo com os pensamentos. Uma vez adquirida a autoconsciência, teremos muito mais escolha quanto ao modo de agir. Se os pensamentos forem úteis, use-os; caso sejam inúteis, procure desfundi-los.

Mantenha em mente que as técnicas de desfusão vistas até aqui são como as boias de braço usadas por crianças pequenas na piscina: quando se aprende a nadar, deixam de ser necessárias. A ideia é que, mais adiante, ao incorporar os demais conceitos deste livro, você possa desfundir seus pensamentos sem dirigir-lhes demasiada atenção. Mesmo profundamente envolvido no trabalho, numa conversa ou em outra atividade significativa, se um pensamento inútil vier à cabeça, poderá percebê-lo imediatamente pelo que é e permitirá que ele transite sem distraí-lo.

Tudo ficará mais claro no próximo capítulo, no qual exploramos um aspecto extremamente poderoso da consciência humana, um recurso interno tão negligenciado pela sociedade ocidental a ponto de não haver uma palavra de uso comum para ele.

Entretanto, não vá para a próxima página agora. Que tal esperar alguns dias para retomar a leitura e, nesse ínterim, praticar sua habilidade de desfusão? E se sua mente disser que é difícil demais e não pode se perturbar, simplesmente diga obrigado e siga em frente.

Capítulo 7

OLHA QUEM ESTÁ FALANDO

Alguém já repreendeu você por não estar prestando atenção? E você já respondeu: "Desculpe, estava viajando"? Bem, se estava "viajando", onde estava, então? E como voltou?

A TAC responde a essas perguntas ensinando a reconhecer duas partes distintas do eu (*self*): o "eu pensante" e o "eu observador". O eu pensante é a parte de você que pensa, planeja, julga, compara, cria, imagina, visualiza, analisa, recorda, devaneia e fantasia. Outra denominação mais comum é "mente". Algumas abordagens psicológicas conhecidas como pensamento positivo, terapia cognitiva, visualização criativa, hipnose e programação neurolinguística centram-se em controlar a forma como o seu eu pensante funciona. Tudo é muito bonito na teoria, e agrada ao bom senso, mas, conforme já vimos, o eu pensante não é assim tão fácil de controlar. (Novamente, não é que não tenhamos controle — afinal, ao longo do livro examinamos muitas formas de pensar mais eficazmente —; o fato é que possuímos muito menos controle do que os experts nos fazem crer.)

O eu observador é fundamentalmente diferente do eu pensante. O observador é perceptivo, mas não pensa; é a parte responsável pelo foco, pela atenção e pela consciência. Embora possa observar ou prestar atenção aos seus pensamentos, não pode produzi-los. Enquanto o eu pensante pensa sobre sua experiência, o eu observador registra a experiência direta.

Por exemplo, se você está realmente concentrado num jogo de tênis, toda a atenção estará voltada para a bola que vem na sua direção. Este é o eu observador em ação. Você não está pensando sobre a bola; você a está observando.

Suponha agora que comecem a pipocar pensamentos como "espero que a empunhadura esteja correta", "vou dar uma boa rebatida" ou "nossa, que bola rápida!". Este é o seu eu pensante em ação. E, claro, pensamentos como esses podem ser, muitas vezes, perturbadores. Se o eu observador atribui demasiada atenção a eles, não estará mais concentrado na bola, e seu desempenho será prejudicado. Quantas vezes você não estava concentrado numa tarefa e se distraiu com um pensamento do tipo "espero não pôr tudo a perder"?

Imagine-se também admirando um pôr do sol magnífico. Há momentos em que sua mente está tranquila, quando apenas observa o espetáculo à sua frente. Este é o eu observador em funcionamento: observando, não pensando. Esses momentos de silêncio, porém, duram pouco. O eu pensante cutuca: "Nossa, olha só que colorido! Isso me lembra do que vimos nas férias do ano passado. Queria estar com a minha câmera." Daí, quanto mais atenção o eu observador dirige aos comentários do eu pensante, mais você perde o contato direto com aquele pôr do sol.

Embora todos nós conheçamos palavras como "consciência", "foco" e "atenção", a maioria dos ocidentais tem pouca ou nenhuma noção do eu observador. Consequentemente, não existe um termo comum que o defina. Temos apenas a palavra "mente", em geral, usada para denotar tanto o eu pensante quanto o eu observador, sem distingui-los. Com a finalidade de acabar com essa confusão, sempre que empregar a palavra "mente" no texto, estarei falando apenas do eu pensante. Quando recorrer a termos como "atenção", "consciência", "observação", "percepção" e "experiência direta", estarei me referindo a vários aspectos do eu observador. Com o progresso da leitura, você aprenderá a sintonizar e utilizar essa sua parte poderosa. Comecemos agora mesmo com um exercício bem simples.

PENSAMENTO *VERSUS* OBSERVAÇÃO

Feche os olhos por um minuto e observe o que sua mente faz. Fique alerta diante de quaisquer pensamentos ou imagens, como se fosse um fotógrafo da vida selvagem à espera de que um animal exótico desponte em algum ponto da vegetação. Caso pensamentos e imagens não apareçam, continue à espreita; mais cedo ou mais tarde algum vai dar as caras, posso garantir. Repare onde pensamentos e imagens estão localizados em relação a você: à frente, acima, atrás, ao seu lado ou no seu interior? Passado um minuto de exercício, abra os olhos.

É só isso. Portanto, releia as instruções com atenção; em seguida, deixe o livro de lado e faça uma tentativa.

• • • • •

Você terá experienciado dois processos distintos em andamento. Primeiro, o pensamento — em outras palavras, surgiram pensamentos e imagens. A seguir, a observação; ou seja, você foi capaz de perceber ou observar esses pensamentos e imagens. É importante vivenciar a distinção entre pensamento e observação, porque, à medida que o livro avançar, usaremos cada processo de diferentes formas. Assim, tente o exercício acima outra vez.

Conforme esperado, esse pequeno exercício lhe deu uma noção de distância entre você e seus pensamentos: pensamentos e imagens apareceram, depois desapareceram novamente e você pode observar esse movimento. Outra forma de colocar: o eu pensante produziu alguns pensamentos e o eu observador os observou.

O eu pensante é como uma estação de rádio sempre ligada ao fundo. Na maior parte do tempo, ouvimos o Show da Rádio Ruína e Trevas, transmitindo histórias negativas 24 horas por dia. Ela nos faz lembrar de coisas ruins do passado, nos adverte sobre coisas ruins que podem acontecer no futuro e nos atualiza constantemente sobre tudo o que há de errado conosco no presente. Vez por outra transmite algo de útil ou alegre. Portanto, se estivermos sintonizados nessa rádio, ouvindo atentamente e, pior, acreditando em tudo o que ouvimos, teremos uma receita infalível para o estresse e a aflição.

Infelizmente, não há como dessintonizar essa rádio. Mesmo os mestres zen não conseguem tal façanha. Por vezes ela vai interrompê-lo por uns poucos segundos (ou até — muito raramente — alguns minutos). Entretanto, não temos como fazê-la parar (a não ser que lhe causemos um curto-circuito com drogas, álcool ou neurocirurgia). Na verdade, de modo geral, quanto mais tentamos desconectá-la, mais alto ela toca.

Existe, porém, uma abordagem alternativa. Alguma vez já percebeu que uma rádio tocava ao fundo, mas estava tão concentrado no que fazia que não a escutava de fato? Você conseguia ouvir a rádio tocando, mas não prestava atenção na transmissão. Na prática das habilidades de desfusão, o objetivo final é fazer precisamente o mesmo com nossos pensamentos. Uma vez sabendo que os pensamentos são meros grupos de palavras, podemos tratá-los como ruído de fundo — podemos deixá-los ir e vir sem nos fixar neles e sem sermos perturbados. A técnica do Agradeça à Sua Mente (ver capítulo 5, página 72) bem o exemplifica: um pensamento desagradável aparece, mas, em vez de se fixar nele, você apenas reconhece sua presença, agradece à mente e volta sua atenção para o que estava fazendo antes.

Assim, eis o que pretendemos alcançar com todas essas habilidades:

- Caso o eu pensante esteja transmitindo algo inútil, o eu observador não precisa prestar atenção. Ele pode reconhecer o pensamento e voltar a atenção para a atividade presente.
- Caso o eu pensante esteja transmitindo algo útil, o eu observador pode então sintonizar e prestar atenção.

Isso é diferente de abordagens como o pensamento positivo, que funcionam como outra estação, Rádio Feliz e Contente, sintonizada simultaneamente com a Rádio Ruína e Trevas, na esperança de neutralizá-la. É bem difícil permanecer sintonizado no que se está fazendo com duas estações de rádio tocando programações opostas ao fundo.

Repare também que deixar a estação tocar sem lhe dirigir muita atenção é diferente de se esforçar para ignorá-la. Já ouviu uma estação e tentou não escutar? O que aconteceu? Quanto mais você tentou não escutar mais ela o perturbou, certo?

A capacidade de deixar os pensamentos transitarem ao fundo enquanto você mantém a atenção fixa no que está fazendo é muito útil. Suponha que esteja num evento social e sua mente diga: "Sou tão chato! Não tenho nada para falar. Queria ir para casa!" É bem difícil manter uma boa conversa se estiver com a atenção dirigida para tais pensamentos. Analogamente, suponha que está aprendendo a dirigir e o eu pensante diga: "Eu não consigo. É muito difícil. Vou bater!" É difícil dirigir bem se o eu observador estiver fixado nesses pensamentos e não na estrada. A técnica seguinte visa deixar que os pensamentos "fluam" enquanto você mantém a atenção no que está fazendo. Leia primeiro as instruções, e depois faça uma tentativa.

DEZ RESPIRAÇÕES PROFUNDAS

Inspire profundamente dez vezes, o mais lentamente possível. (Talvez você prefira fazê-lo de olhos fechados.) Agora, se concentre nas subidas e descidas de sua caixa torácica e no ar que entra e sai dos seus pulmões. Repare nas sensações à medida que o ar penetra: o peito subindo, os ombros se elevando, os pulmões se inflando. Observe o que sente quando o ar é expelido: o peito baixando, os ombros caindo, o ar saindo pelas narinas. Concentre-se em esvaziar completamente os pulmões. Elimine até o último resíduo de ar, sentindo-os se esvaziarem e faça uma breve pausa antes de inspirar de novo. Enquanto inspira, repare em como sua barriga se projeta ligeiramente para a frente.

Agora, deixe que quaisquer pensamentos e imagens circulem apenas ao fundo, como se fossem carros passando do lado de fora de casa. Quando um novo pensamento ou imagem aparecer, reconheça sua presença, como se estivesse cumprimentando um motorista que passa. Ao fazer isso, mantenha sua atenção na respiração, acompanhando o ar entrando e saindo dos pulmões. Talvez ache útil dizer para si mesmo a palavra "pensamento" sempre que um pensamento ou imagem aparecer. Muitos sentem que isso ajuda no seu reconhecimento e descarte. Experimente e, se for útil, continue a prática.

De tempos em tempos, um pensamento captará sua atenção; vai "fisgá-lo" e "arrastá-lo para longe", levando-o a se perder no exercício. No momento em que reconhecer que foi fisgado, dedique um segundo a perceber o que o perturbou; então, "desprenda-se" suavemente e retome a concentração na respiração.

Leia de novo as instruções, por completo. Em seguida, deixe o livro de lado e tente o exercício.

• • • • •

Como foi? A maioria das pessoas é fisgada e arrastada por pensamentos durante o exercício. É assim que eles costumam nos afetar: nos atordoam, nos desconcentrando daquilo que fazemos. Portanto, embora digamos que nossa mente divaga, há um erro nessa afirmativa. Na realidade é nossa atenção que divaga.

A prática regular dessa técnica lhe ensinará três habilidades importantes: (1) como deixar que pensamentos transitem sem se concentrar neles, (2) como reconhecer que você foi fisgado por seus pensamentos e (3) como "se desprender".

Ao praticar essa técnica, repare na distinção entre o eu pensante e o eu observador. O eu observador se concentra na respiração, enquanto o pensante tagarela ao fundo. Perceba também que essa é uma estratégia de aceitação, não de controle. Não estamos tentado evitar ou nos livrar de pensamentos indesejados, mas simplesmente permitindo que aconteçam, indo e vindo à vontade.

Felizmente, é uma técnica fácil de praticar, já que pode ser utilizada a qualquer momento, em qualquer lugar. Logo, tenha como meta praticar esse exercício ao longo do dia, quando estiver preso no trânsito, numa fila, esperando ao telefone ou por um compromisso, durante comerciais na televisão e mesmo à noite, na cama, como a última coisa a fazer no dia. Ou seja, sempre que tiver um tempo livre. Caso não disponha de tempo para as dez inspirações, três ou quatro já são úteis. Pratique especialmente quando estiver preso a pensamentos. Ao aplicar essa técnica, o número de vezes em que você for fisgado não importa. Cada vez que perceber e se "desprender", estará mais qualificado numa habilidade valiosa.

Abra mão de qualquer expectativa; registre apenas os efeitos. Muitos consideram a técnica bem relaxante, mas, por favor, não pense nela como um procedimento para relaxar. Quando o relaxamento acontece, é só um subproduto benéfico, não o propósito principal. É claro que você deve aproveitá-lo, mas não passe a esperar por ele, ou mais cedo ou mais tarde vai se decepcionar.

Elaborei os exercícios rápidos acima para pessoas ocupadas que afirmam "não ter tempo suficiente" para praticar formalmente a desfusão. Entretanto, "não ter tempo suficiente" é apenas outra história. Lanço aqui um desafio: se quiser ser de fato bom nisso, então, além de todos esses exercícios, dedique cinco minutos, duas vezes por dia, à prática da respiração. Por exemplo, podem ser cinco minutos logo cedo pela manhã e cinco minutos no intervalo do almoço. Nesses dois momentos, mantenha toda a atenção na sua respiração, permitindo que pensamentos transitem livres, como carros passando. Sempre que perceber que sua atenção foi desviada, retome o foco tranquilamente. Além disso, se ainda não tentou, procure dizer em silêncio a palavra "pensamento" sempre que um aparecer. Alguns acham mesmo o procedimento muito útil, mas se esse não for o seu caso, não se force.

Expectativas realistas

Sua mente jamais deixará de contar histórias desagradáveis, pelo menos não por muito tempo. É exatamente isso o que as mentes fazem. Assim, sejamos realistas: você será atordoado e fisgado por essas histórias permanentemente.

Essa é a má notícia.

A boa é que você pode, sim, fazer progressos surpreendentes. Você tem como aprender a não se deixar fisgar com tanta frequência, a reconhecer com mais rapidez quando isso acontece, e ainda a se desprender com mais eficiência. Todas essas habilidades vão ajudá-lo a se manter fora da armadilha da felicidade.

Quanto ao eu observador, até agora só ficamos na superfície. Ele é um aliado muito poderoso na transformação da sua vida, e vamos voltar ao assunto muitas vezes nos capítulos seguintes. Por enquanto, chegamos ao capítulo final sobre a desfusão, no qual aprenderemos a lidar com... imagens assustadoras.

Capítulo 8
IMAGENS ASSUSTADORAS

Roxy estremeceu. A face lívida, os olhos marejados.

— Qual o diagnóstico? — indaguei.

— Esclerose múltipla — murmurou.

Advogada dedicada, Roxy tinha 32 anos. Certo dia, no trabalho, percebeu uma fraqueza e uma dormência na perna esquerda e, depois de alguns dias, foi diagnosticada como portadora de esclerose múltipla, ou EM. A EM é uma patologia na qual ocorre degeneração dos nervos, o que gera diversos problemas físicos. No cenário mais favorável, há episódios isolados de distúrbios neurológicos, com total recuperação, sem que jamais ocorra nova perturbação. No pior caso, a EM piora constantemente e o sistema nervoso se deteriora de forma progressiva, até que a pessoa fique seriamente prejudicada. Os médicos não têm como prever os efeitos da EM em cada paciente.

É óbvio que Roxy ficou muito amedrontada. Imaginava-se numa cadeira de rodas, o corpo tomado por uma terrível deformidade, a boca torta, babando. Cada vez que a imagem lhe ocorria, se aterrorizava. Tentava dizer a si mesma tudo o que o bom senso sugere: "não se preocupe, provavelmente isso não vai acontecer com você", "suas chances são ótimas, não adiante as coisas", "por que se desesperar com algo que pode nem acontecer?". Amigos, família e médicos também tentaram alentá-la com conselhos semelhantes. Entretanto, foi possível livrá-la da imagem amedrontadora? Não, nem um pouco.

Roxy verificou que às vezes conseguia afastar a imagem da cabeça, mas não por muito tempo, e, quando ela voltava, parecia perturbá-la ainda mais do que antes. Tal estratégia de controle, utilizada com frequência, porém ineficaz, é conhecida como "supressão do pensamento". A supressão do pensamento significa o afastamento de imagens ou pensamentos dolorosos da cabeça. Por exemplo, sempre que um pensamento ou imagem indesejável aparecer, você dirá a si mesmo "não pense nisso!" ou "pare com isso!", ou pode bani-lo apenas mentalmente. As pesquisas mostram que, embora o método muitas vezes descarte pensamentos e imagens dolorosos a curto prazo, algum tempo depois há um efeito ricochete: os pensamentos negativos voltam em maior número e com mais intensidade do que antes.

A maioria de nós tende a evocar imagens assustadoras do futuro. Quantas vezes você já não "se viu" fracassando, sendo rejeitado, adoecendo ou tendo qualquer tipo de problema? Imagens desagradáveis ou irritantes pipocam sempre que enfrentamos desafios, e podemos perder um tempo precioso remoendo-os ou tentando nos livrar deles. Além disso, se nos fundirmos totalmente com tais imagens, elas nos parecerão assustadoras a ponto de nos impedir de fazer aquilo que valorizamos. Por exemplo, muitos evitam aviões porque suas mentes evocam imagens de desastres aéreos. Num estado de fusão, nós:

- levamos essas imagens muito a sério;
- dirigimos a elas toda a nossa atenção;
- reagimos como se os acontecimentos estampados naquela imagem estivessem de fato ocorrendo agora.

Num estado de desfusão, nós:

- reconhecemos que as imagens não passam de imagens;
- reconhecemos que elas não podem nos fazer mal algum;
- direcionamos a atenção a elas apenas se forem úteis.

As técnicas de desfusão que usamos com imagens são bem parecidas com as usadas com pensamentos. Inicialmente, precisamos nos fixar nas imagens a fim de praticar a desfusão. Entretanto, o propósito final é ser capaz de deixar que as imagens venham e vão — como se uma TV estivesse ligada ao fundo, sem que realmente assistíssemos a ela.

As técnicas de desfusão nos ajudam a enxergar tais imagens pelo que são: nada além de quadros coloridos. Isso feito, temos como deixá-las existir sem lutar contra elas, sem julgá-las ou tentar evitá-las. Em outras palavras, podemos aceitá-las. A aceitação é entender que não há por que temê-las ou perder uma energia preciosa combatendo-as.

Antes de experimentar as técnicas a seguir, valem algumas palavras importantes sobre lembranças dolorosas. Armazenamos nossas lembranças usando os cinco sentidos: visão, audição, olfato, tato e paladar. As técnicas aqui apresentadas são úteis, em geral, com lembranças visuais, ou seja, memórias registradas como imagens. Todavia, é preciso cuidado ao lidar com imagens. Embora as técnicas incluídas aqui sejam úteis para o equacionamento de lembranças desagradáveis, como nas ocasiões em que você errou, pôs tudo a perder, foi rejeitado, humilhado ou constrangido, elas podem ser inadequadas para lembranças mais traumáticas. Caso esteja extremamente aflito com lembranças traumáticas de estupro, tortura e maus-tratos na infância, violência doméstica ou outros incidentes graves, desaconselho a utilização desses métodos por conta própria. Recomendo que recorra a um terapeuta devidamente qualificado, que irá ensinar a desfundir imagens dessa ordem.

Desfusão de imagens desagradáveis

Nenhuma técnica conhecida hoje é 100% confiável, e as técnicas de desfusão não são exceção. Se achar que uma determinada técnica não funciona, perceba o que é estar em fusão e passe para outra. Em cada uma, primeiro leia as instruções até o fim, e em seguida recorde-se de uma imagem perturbadora recorrente. No caso de uma imagem em movimento, condense--a num videoclipe de dez segundos. Após a leitura das instruções para cada exercício, deixe o livro de lado e tente usar a técnica. Se qualquer uma delas parecer inapropriada, não a utilize.

TELA DE TELEVISÃO

Relembre uma imagem desagradável e observe como é afetado por ela. Agora, imagine que, do outro lado da sala, há uma pequena tela de televisão de frente para você. Coloque sua imagem na tela da televisão e remexa a imagem: vire-a de cabeça para baixo, de lado, rode-a várias vezes, estique-a para os lados. Se for um videoclipe, passe em câmera lenta. Em seguida, de trás para frente, ainda em câmera lenta. Depois, acelere a velocidade, e volte com ele ainda acelerado. Retire o colorido, deixando-o em preto e branco. Aumente a intensidade e o brilho das cores até que tudo fique ridiculamente flamejante (as pessoas com pele amarelada e as nuvens num rosa chamativo). A ideia não é se livrar da imagem, mas vê-la como realmente é: um quadro inofensivo. Você pode levar de dez segundos a dois minutos até conseguir desfundi-la de verdade. Se, passados os dois minutos, ela ainda o perturbar, tente, então, a próxima técnica.

LEGENDAS

Com a imagem estampada na tela, acrescente uma legenda. Por exemplo, a imagem de um erro seu pode ser legendada como "a história do erro". Melhor ainda, crie uma legenda cômica, como "opa! De novo!". Se após trinta segundos a imagem ainda o perturbar, passe para a próxima técnica.

TRILHA SONORA

Mantendo a imagem na tela, adicione uma trilha sonora à sua escolha. Experimente trilhas variadas: jazz, hip-hop, música clássica, rock ou temas de seus filmes preferidos. Se a imagem ainda perturbá-lo, experimente a próxima técnica.

CONTEXTOS VARIADOS

Visualize a imagem numa variedade de contextos, permanecendo em cada cenário por vinte segundos antes de mudar para outro. Por exemplo, visualize sua imagem na camiseta de um corredor ou de um astro do rock. Visualize-a estampada numa faixa, levada por um avião. Visualize-a como um adesivo de carro, uma foto de revista ou uma tatuagem nas costas de alguém. Visualize-a como um *pop-up* na tela do computador ou um pôster no quarto de um adolescente. Visualize-a como a estampa de um selo postal ou como um desenho numa história em quadrinhos. Use a imaginação: o céu é o limite.

Se ainda se sentir fundido à imagem depois disso tudo — se ela ainda o aborrece, assusta ou absorve toda a sua atenção sempre que aparece —, sugiro que pratique todos os exercícios acima ou pelo menos alguns deles diariamente por, no mínimo, cinco minutos. Foi o que pedi a Roxy e, em uma semana, a imagem da cadeira de rodas já não a perturbava mais. De vez em quando ainda aparecia, mas sem assustá-la, e Roxy conseguiu deixar que a imagem transitasse à vontade enquanto ela se concentrava em coisas mais importantes. Paradoxalmente, quanto menos ela tentava afastar a imagem, menos ela aparecia. Não era a intenção, mas é algo que costuma acontecer como efeito colateral positivo.

No caso de imagens menos perturbadoras, é possível, com facilidade, adaptar outras técnicas de desfusão. Em vez de "estou tendo o pensamento de que...", você pode reconhecer: "Estou tendo a imagem de..." Por exemplo: "Estou tendo a imagem de que vou me dar mal nessa entrevista." Se a imagem for uma lembrança, você pode tentar "estou tendo a lembrança de...". Ou, ainda, "minha mente está me mostrando um quadro de...".

No lugar do Dando Nome à História, você pode Dar Nome ao Quadro ou Dar Nome à Lembrança. Pode ainda sempre dizer "obrigado, mente!" por qualquer coisa que ela lhe mostre.

A essa altura, façamos uma pausa para relembrar que a desfusão tem tudo a ver com aceitação. A ideia não é se livrar das imagens, mas deixar de lutar contra elas. Por que deveria aceitá-las? Porque a verdade é que, pelo resto da vida, de uma forma ou de outra, imagens assustadoras aparecerão. Lembre-se: sua mente evoluiu para proteger você de riscos fatais. Ela protegeu os esconderijos de seus ancestrais, enviando mensagens: a imagem de um urso dormindo no fundo de uma caverna ou a de um tigre-dentes-de-sabre sobre um penhasco. Depois de centenas de milhares de anos de evolução, sua mente não vai de repente mudar e dizer: "Espera um minuto; eu não moro mais numa caverna, à mercê de ursos e tigres — não preciso mais mandar essas advertências." Desculpe, mas as mentes não funcionam assim.

Mais uma vez, não acredite nisso só porque estou afirmando. Constate por experiência própria. Apesar de tudo o que você vem tentando por anos a fio, não é verdade que sua mente ainda produz imagens desagradáveis? Temos que aprender a conviver com isso — a dedicar atenção a elas se forem úteis ou apenas deixar que transitem se não forem.

Uma vez mais, preciso prepará-lo. Ao praticar essas técnicas, suas imagens desagradáveis vão, muitas vezes, desaparecer ou, no mínimo, aparecer com menos frequência, e você, em geral, se sentirá melhor. Lembre-se, porém, que esses resultados são subprodutos, não a nossa meta principal. Se começar a desfundir pensamentos e imagens para se livrar deles, não os estará aceitando de verdade, mas tentando usar uma estratégia de aceitação como estratégia de controle. Se agir assim, o tiro vai sair pela culatra. Portanto, utilize as técnicas para os objetivos a que são destinadas e pelos motivos certos, e elas o ajudarão, sim, a se manter livre da armadilha da felicidade.

Capítulo 9

DEMÔNIOS A BORDO

Imagine-se conduzindo uma embarcação em alto-mar. Abaixo do deque, fora do seu campo de visão, está uma grande horda de demônios, todos eles com garras enormes e dentes afiados como navalha. Eles fizeram um acordo com você: enquanto conseguir manter o barco à deriva, em alto-mar, eles vão continuar lá, embaixo do deque, sem que você tenha que olhar para eles. Entretanto, se em algum momento rumar para o litoral, eles imediatamente subirão, batendo suas asas, presas à mostra, ameaçando fazê-lo em pedaços. Como era de se esperar, você não gosta muito da situação, e diz: "Perdão, demônios! Foi sem querer! Por favor, voltem lá para baixo." Em seguida, dá meia-volta e parte novamente em direção ao alto-mar, e os demônios desaparecem. Você suspira aliviado, e tudo parece estar tranquilo — por enquanto.

O problema é que logo se cansará de ficar à deriva, navegando sem destino. Ficará entediado, solitário, infeliz, ressentido e ansioso. Vê todos aqueles outros navios se dirigindo ao litoral e sabe que é para lá que *realmente* quer ir. Um dia, então, se enche de coragem, roda o timão e ruma para terra firme mais uma vez. No entanto, no momento em que o faz, os demônios sobem ao deque, ameaçando parti-lo em pedaços de novo.

Eis algo interessante: embora os demônios consigam ameaçá-lo, nunca chegam a causar mal de fato. Por que não? Porque não podem! Tudo o que podem fazer é rosnar, mostrar as garras e parecer aterrorizantes — fisicamente, não têm sequer como tocá-lo. O único poder que têm é a capacidade de intimidação. Portanto, se você acreditar que *realmente* farão o que dizem, o controle do barco será deles. Contudo, quando se dá conta de que eles não podem fazer mal, você está livre. Pode levar o barco aonde bem entender — desde que esteja disposto a aceitar a presença dos demônios. Tudo o que tem a fazer para chegar em terra firme é deixá-los ficar por perto e gritar o quanto quiserem, continuando firme no timão rumo à orla. Os demônios vão urrar e protestar, mas não conseguirão pará-lo.

Todavia, se não permitir que os demônios fiquem a bordo, se os mantiver lá embaixo, sua única opção é ficar no mar, à deriva. É claro que você pode tentar atirar os demônios ao mar, mas enquanto estiver ocupado com isso, o barco fica desgovernado, com o risco de bater nas rochas ou virar. Além disso, é uma luta inglória, já que a quantidade de demônios é infinita.

"Mas isso é terrível!", protestaria você. "Não quero viver com demônios à minha volta!" Bem, sinto ser o portador de más notícias, porém você já vive: são seus pensamentos, sentimentos, lembranças, anseios e sensações. São demônios que vão continuar aparecendo sempre que você começar a levar sua vida na direção desejada. Por quê? Novamente, tudo remonta à evolução. Lembre-se, a mente dos nossos antepassados obedecia a um comando prioritário: "Não morra!" Um fator importante nisso é conhecer seu meio. Obviamente, quanto mais conhecer seu terreno e a vida selvagem ali existente, mais seguro vai estar, enquanto se aventurar por territórios desconhecidos o expõe a perigos incomuns. Portanto, se um de nossos antepassados decidisse explorar uma nova área, sua mente entrava em estado de alerta máximo: "Atenção, tome cuidado, pode ter um crocodilo dentro do lago!" E, graças à evolução, a mente moderna faz o mesmo, só que de forma bem mais generalizada.

Assim, logo que começamos um novo projeto, a mente começa a nos prevenir. Você pode fracassar, pode cometer um erro, pode ser rejeitado. Ela nos adverte com pensamentos negativos, imagens perturbadoras, más recordações e uma vasta gama de sentimentos e sensações desconfortáveis. Permitimos incontáveis vezes que essas advertências nos impeçam de dar à vida o rumo que desejamos. Em vez de navegar em direção à orla, ficamos à deriva. Há quem descreva isso como "zona de conforto", mas não é uma boa denominação, porque essa zona de conforto definitivamente não é confortável. Deveria ser chamada de "zona de aflição" ou "zona à parte da vida".

Nos capítulos seguintes, nos concentraremos nos seus valores e em ações para melhorar sua vida, e esses demônios vão surgir para desafiá-lo. Dependendo da natureza dos problemas que estiver enfrentando, você talvez queira seguir outra carreira, entrar em um novo relacionamento, fazer novas amizades, melhorar o condicionamento físico ou se engajar em algum projeto desafiador, como escrever um livro, fazer um curso ou tentar uma qualificação diferente. O que posso garantir é: sejam quais forem as mudanças que comece a fazer, os demônios vão mostrar suas caras horrendas e tentar desencorajá-lo.

Essas são as más notícias.

E estas as boas: se mantiver o barco firme na direção da orla sem se importar com as ameaças demoníacas, elas vão entender que não estão afetando você, e desistirão, deixando-o em paz. Quanto aos que permanecerem, você acaba se acostumando depois de um tempo. Com efeito, se observá-los mais atentamente, perceberá que não são tão assustadores quanto pareciam ao surgir. Vai descobrir que usavam efeitos especiais para parecerem bem maiores que na realidade. É claro que continuam horrorosos — não vão virar coelhinhos lindos e fofos —, mas você vai achá-los bem menos assustadores, e alguns deles podem até se tornar amigos. Além disso, perceberá também que pode deixá-los por perto sem que isso o incomode e, ao fazê-lo, verá que sua vida não se resume aos demônios. Há também todo aquele mar e aquele céu; o sol batendo no seu rosto e a brisa nos cabelos. Sem contar os golfinhos, as baleias, as gaivotas, os pinguins e os peixes-voadores. Quem sabe você talvez até encontre algumas sereias!

Portanto, um de meus principais objetivos é ajudá-lo a olhar além dos efeitos especiais dos demônios e vê-los pelo que realmente são, para que não o intimidem mais. Já começamos a fazer isso com pensamentos e imagens e, mais adiante, será a vez das emoções. Antes de continuar, porém, pense por alguns minutos nas mudanças que gostaria de fazer. Pergunte-se:

1. De que outro modo eu agiria caso os pensamentos e sentimentos dolorosos não fossem mais um obstáculo?
2. Que projetos ou atividades eu começaria (ou continuaria) se meu tempo e energia não fossem consumidos por emoções perturbadoras?
3. O que eu faria se o medo deixasse de ser um problema?
4. O que eu tentaria fazer se o medo do fracasso não me detivesse?

Peço que dedique uns dez minutos para essas perguntas. Melhor, escreva suas respostas para servirem de referência mais adiante.

• • • • •

Ao considerar essas quatro questões, que pensamentos e imagens perturbadoras aparecem? Você se vê ferido ou machucado de alguma forma? Você ouve da sua mente que não tem nenhuma chance ou que é tudo muito difícil, que não pode fazer as mudanças que deseja por ser muito fraco/incapaz/depressivo/ansioso/tolo/antipático?

Faça uma lista desses pensamentos e imagens perturbadoras e, uma vez concluída, reserve cinco minutos por dia para praticar a desfusão com elas. Quando sua mente inventar uma desculpa para evitar isso, lembre-se de agradecer-lhe! Conforme já afirmei diversas vezes, a prática é o segredo do sucesso. Quanto mais conseguir enxergar esses pensamentos pelo que são — nada mais que palavras e imagens — menor será a influência que terão sobre sua vida.

A desfusão é um tópico relevante, e voltaremos a ele em estágios posteriores. Agora, porém, nos próximos capítulos, veremos como lidar com sentimentos dolorosos.

Capítulo 10

COMO VOCÊ SE SENTE?

Se estivesse fazendo uma trilha pela natureza selvagem do Alasca e de repente aparecesse à sua frente um imenso urso-cinzento, o que você faria? Gritaria? Chamaria por socorro? Fugiria? Voltaremos a essas perguntas depois de responder a seguinte: O que *são* as emoções?

Os cientistas têm muita dificuldade em chegar a um consenso, mas a maioria concorda quanto a essas três afirmativas:

1. As emoções se originam na camada mediana do cérebro conhecida como mesencéfalo.
2. No cerne de qualquer emoção reside um conjunto complexo de mudanças físicas.
3. Essas mudanças nos preparam para a ação.

As mudanças no corpo podem incluir alterações no batimento cardíaco, na pressão sanguínea, no tônus muscular, na circulação e nos níveis hormonais, assim como a ativação de diferentes partes do sistema nervoso. Percebemos tais mudanças por sensações como "frio na barriga", "nó na garganta", olhos lacrimejantes ou mãos suadas. Também as percebemos em ímpetos para agir de determinada forma, seja chorando, rindo ou se escondendo.

As emoções nos levam a agir de diferentes formas. Por exemplo, sob a influência de uma emoção forte, é comum alterarmos nossa voz, expressão facial, postura do corpo e comportamento. A probabilidade de que venhamos a agir de determinada maneira ao vivenciar uma emoção em particular é conhecida como "tendência à ação". Perceba, porém, a palavra-chave aqui: *tendência*. Uma tendência é uma inclinação, não uma obrigação, uma ausência de escolha. *Tendemos* a agir daquela forma. Portanto, por exemplo, se você fica ansioso quando está atrasado, tende a ultrapassar o limite de velocidade, mas pode escolher dirigir dentro da lei e em segurança. Se estiver com raiva de alguém, tende a gritar, mas pode optar por falar calmamente.

Vamos analisar a ansiedade para compreendermos o que é a emoção. A ansiedade varia de pessoa para pessoa (como qualquer emoção), podendo incluir todas as características abaixo ou só algumas:

- Elevação da pressão sanguínea, aceleração dos batimentos cardíacos, aumento da sudorese, alteração da regularidade respiratória.
- Sensações como "coração saindo pela boca", estômago embrulhado, pernas bambas, mãos trêmulas e úmidas.
- Ímpeto de fuga.
- Tendência a manifestar inquietação, fala rápida ou caminhar de um lado para o outro.

As emoções estão intimamente ligadas aos pensamentos, às lembranças e às imagens. Por exemplo, quando sentimos medo, podemos pensar sobre o que poderia dar errado, lembrar outros momentos em que sentimos medo ou ter imagens mentais, que podem ir de uma batida de carro a um ataque cardíaco.

Nossas emoções controlam nosso comportamento?

A resposta é bastante simples: não! Nossas emoções definitivamente não controlam nosso comportamento. Por exemplo, você pode estar zangado e ainda assim agir com calma.

Pode tender a gritar, fazer caretas, cerrar os punhos ou partir para o ataque físico ou verbal, mas não precisa fazer isso. E você pode falar pausadamente, manter um semblante sereno e relaxar o corpo, se abrir.

Tenho certeza de que, em algum momento, você já sentiu medo, mas resistiu, ainda que pensasse em escapar. Em outras palavras, predispôs-se a fugir, mas escolheu ficar. Todos já passamos por isso, seja ao fazer uma prova, convidar alguém para sair, participar de uma entrevista de emprego, falar em público ou praticar um esporte radical.

Você já sabe que, ao falar em público, eu fico ansioso. No entanto, ao revelar essa sensação para a plateia, como costumo fazer, deixo as pessoas impressionadas. "Mas você parece tão calmo e confiante", comentam. Isso porque, mesmo me *sentindo* ansioso (coração disparado, estômago revirado, palma da mão suada), eu não *ajo* assim. A ansiedade nos predispõe à inquietação, a respirar de forma acelerada e a falar mais rápido. Ainda assim, faço exatamente o oposto. Tomo a decisão consciente de falar, respirar e me mover pausadamente. O mesmo vale para a maioria dos palestrantes. Mesmo após anos de experiência, é comum ainda ficarem ansiosos, mesmo que nunca o percebamos, já que aparentam tranquilidade.

Voltemos agora à trilha pela natureza selvagem do Alasca. Se de repente você se deparasse com um urso-cinzento, sentiria, é óbvio, um medo terrível. Sem dúvida teria o impulso de dar meia-volta e correr. No entanto, se leu seu manual de sobrevivência, sabe que isso vai provocar o instinto de caça do urso. Ele o perseguirá, o alcançará, e em segundos você terá virado um aperitivo. O que precisa fazer é andar para trás bem devagar, sem grandes movimentos nem muito barulho, e jamais virar as costas para o urso.

Muitos já sobreviveram orientados por esse conselho. Todos sentiram um medo avassalador — completamente fora de controle —, mas controlaram seu modo de agir. Portanto, o que quero frisar é: embora não tenhamos muito controle sobre nossos sentimentos, é possível controlar diretamente nossas ações. Acerca disso, haverá uma aplicação prática importante mais adiante porque, quando se trata de fazer mudanças relevantes, é bem mais útil se concentrar no que você *pode* controlar do que naquilo que não pode.

A ideia de que as emoções controlam suas ações é uma ilusão muito forte. O psicólogo Hank Robb a compara ao pôr do sol. Ao observarmos um, o astro parece mergulhar no horizonte. Na verdade, porém, o sol não está se movendo. É a Terra que o deixa para trás. Ainda que tenhamos aprendido isso na escola, é muito fácil esquecer. Ao assistir àquele sol "mergulhar na linha do horizonte", é quase impossível acreditar que esteja realmente parado.

Quando sentimos emoções muito fortes, ficamos sujeitos a fazer coisas das quais podemos nos arrepender mais tarde. Podemos quebrar objetos, gritar, agredir pessoas, beber demais ou apelar para um sem-número de comportamentos destrutivos. A emoção parece ser a causa dessas reações, mas na verdade não é. Só agimos assim porque criamos maus hábitos. Entretanto, se percebermos como nos sentimos e observarmos o comportamento resultante, seja qual for a intensidade das nossas emoções, manteremos o controle sobre nossas ações. Mesmo furioso ou aterrorizado, você pode se sentar ou levantar, fechar a boca, beber um copo d'água, atender um telefonema, ir ao banheiro ou só coçar a cabeça. Você não tem como parar de se sentir zangado ou amedrontado, mas com certeza pode controlar seu comportamento.

E quando ficamos paralisados pelo medo? É verdade que em casos muito raros, quando as pessoas se veem numa situação de real ameaça à sobrevivência, elas podem ficar temporariamente "congeladas" pelo medo. No entanto, em 99,9% dos casos em que afirmamos estar "paralisados pelo medo", não é bem verdade. Trata-se apenas de uma figura de linguagem, uma frase de efeito. Você não está mesmo incapacitado em termos físicos, está apenas optando por não fazer nada.

As emoções são como o tempo

As emoções são como o tempo — estão sempre presentes e em constante variação. Fluem continuamente, de suaves a intensas, de agradáveis a desagradáveis, de previsíveis a imprevisíveis. Um "estado de ânimo" é o aspecto geral da emoção em um determinado espaço de tempo. Um "sentimento" é um episódio isolado de emoção, com características distintas e identificáveis. Um "estado de ânimo ruim" é como um dia nublado, e um sentimento de raiva ou de ansiedade é como um trovão ou uma pancada de chuva. Estamos sempre vivendo algum tipo de emoção (assim como há sempre um clima). No entanto, às vezes ela não é forte ou clara o bastante para ser descrita. Nesses momentos, se alguém perguntar como estamos nos sentindo, diremos "normal" ou "nada demais".

As três fases da emoção

São três as fases da criação de uma emoção:

FASE UM: UM EVENTO SIGNIFICATIVO

Uma emoção é desencadeada por algum acontecimento significativo, que pode ser interno (uma lembrança aflitiva, uma sensação dolorosa ou um pensamento perturbador) ou externo (algo que você vê, ouve, cheira, prova ou toca). Seu cérebro registra o acontecimento e o alerta sobre sua importância.

FASE DOIS: PREPARANDO-SE PARA A AÇÃO

O cérebro começa a avaliar o acontecimento: é bom ou ruim? Ao mesmo tempo, ele prepara o corpo para a ação, seja para se aproximar ou se afastar. Nessa fase, ainda não há um "sentimento" diferenciado, no sentido comum da palavra. Se o cérebro julgar o acontecimento prejudicial, seu instinto de "lutar ou fugir" é acionado (discutirei o conceito logo adiante), e o corpo é preparado. Se o cérebro julga o acontecimento potencialmente útil, o corpo se predispõe a se aproximar e explorá-lo.

FASE TRÊS: A MENTE ENTRA EM CENA

Na terceira fase, conforme nosso corpo se prepara para a ação, passamos por uma variedade de sensações e impulsos, e a mente começa a atribuir significados a essas mudanças. A essa altura, podemos reconhecer emoções de todo o tipo, como frustração, alegria ou tristeza.

O instinto de lutar ou fugir

Esse instinto é um reflexo primitivo de sobrevivência que se origina no mesencéfalo. Ele se desenvolveu segundo a premissa de que, se há uma ameaça, sua maior chance de sobrevivência é sair correndo (fugir) ou permanecer no seu território e se defender (lutar). O batimento cardíaco se acelera, a adrenalina corre pelas veias, o sangue é desviado para irrigar os músculos dos braços e das pernas, a respiração se acelera para proporcionar mais oxigênio, tudo prepara você para essas duas alternativas.

Assim, sempre que percebemos uma ameaça, o instinto de lutar ou fugir é imediatamente ativado. Nos tempos pré-históricos, era uma reação que salvava vidas. Se um mamute peludo o perseguisse e você não pudesse escapar, a única esperança era lutar. Entretanto, atualmente, é raro alguém se ver num apuro desses, e o instinto é muitas vezes disparado em situações em que é de pouca ou nenhuma utilidade.

Mais uma vez, a evolução é a culpada. A mente humana, tentando assegurar nossa sobrevivência, enxerga um potencial de perigo em quase toda a parte: uma esposa instável, um marido controlador, uma multa de trânsito, um novo emprego, um congestionamento, uma fila de banco imensa, uma hipoteca, um reflexo menos favorável no espelho — seja lá o que for. A ameaça pode ter origem na própria mente, sob a forma de um pensamento ou imagem perturbadora. É obvio que nada disso é um risco real à vida, mas o corpo e o cérebro reagem como se fosse.

Quando o cérebro avalia um acontecimento como prejudicial, aciona o instinto, e ele rapidamente se desdobra num sentimento desagradável, como medo, raiva, choque, repulsa ou culpa. Se, por outro lado, o cérebro julga o acontecimento benéfico, rapidamente desenvolvemos um sentimento agradável, como calma, curiosidade ou felicidade. Aqueles primeiros sentimentos tendem a ser descritos como "negativos". Os últimos, como "positivos". Na verdade, porém, nenhum deles é positivo ou negativo — são apenas sentimentos.

"Bem", você dirá, "podem ser apenas sentimentos, mas prefiro os positivos aos negativos". Claro que sim, todo mundo prefere, é parte da natureza humana. Infelizmente, porém, muitas vezes essa preferência se torna tão importante que acaba causando problemas sérios, contribuindo para algo que chamo de "botão de briga". Quer saber mais? Então, continue lendo.

Capítulo 11
O BOTÃO DE BRIGA

Você já viu um daqueles filmes de Velho Oeste em que o bandido cai na areia movediça e, quanto mais se debate, mais rápido ele afunda? Se algum dia você cair na areia movediça, se debater é o pior que pode fazer. O certo é se deitar, esticado e imóvel, deixando-se flutuar. Em seguida, assovie para que seu cavalo venha salvá-lo! Brincadeiras à parte, isso requer presença de espírito, porque o instinto natural é lutar. Porém, quanto mais você luta, pior fica.

O mesmo princípio se aplica aos sentimentos difíceis: quanto mais lutamos contra eles, mais problemas criamos. Por que tem que ser assim? Bem, imagine que por trás da mente existe um botão — vamos chamá-lo de "botão de briga". Quando está ligado, significa que vamos lutar contra uma dor física ou emocional; qualquer desconforto será encarado como um problema e tentaremos nos livrar dele ou evitá-lo.

Suponha que a emoção da vez seja a ansiedade. Se o botão estiver apertado, na posição ON, o sentimento será completamente inaceitável. Assim, nos enchemos de raiva em relação à nossa ansiedade: "Como ousam me fazer sentir assim!" Ou mesmo ansiedade em relação à nossa ansiedade: "Isso não vai me fazer bem. Sabe-se lá o que está fazendo com o meu corpo." Ou culpa: "Eu não deveria ficar tão perturbado! Estou agindo como criança." Ou talvez até uma mistura de todos esses sentimentos ao mesmo tempo. Todas essas emoções secundárias têm em comum o fato de serem desagradáveis, inúteis e esgotarem nossa energia. Logo, acabamos zangados, ansiosos ou deprimidos por causa disso! Percebeu o círculo vicioso?

Imagine agora o que acontece se nosso botão de briga não estiver apertado, na posição OFF. Nesse caso, seja qual for a emoção em questão, mesmo a mais desagradável, não lutaremos contra ela. Portanto, quando a ansiedade aparece, não é um problema. Evidentemente é desagradável, não gostamos dela, mas não é terrível. Com o botão desligado, nossos níveis de ansiedade ficam livres para subir e descer conforme a situação. Por vezes estarão em alta, por outras estarão em baixa, em outras ainda não haverá ansiedade alguma. Entretanto, o mais importante é que não estaremos desperdiçando tempo e energia lutando.

Sem luta, o que temos é um nível natural de desconforto físico e emocional, dependendo de quem somos e da situação que vivemos. Na TAC, isso tem o nome de "desconforto limpo". Não há como evitá-lo; a vida se encarrega de nos perturbar, de uma forma ou de outra. Entretanto, uma vez que começamos a lutar contra ele, os níveis de desconforto se elevam rapidamente, e a esse sofrimento adicional chamamos de "desconforto sujo".

Não é só isso. Com o botão ligado, ficamos completamente avessos a aceitar os sentimentos desconfortáveis, o que significa que, além de ficarmos angustiados com eles, fazemos de tudo para evitá-los e nos livrarmos deles. Alguns podem até apelar para drogas, bebida, jogos de azar ou comida. Outros optarão por TV, livros ou jogos de computador. Os seres humanos encontram uma infinidade de maneiras para tentar evitar ou descartar sentimentos desagradáveis: do cigarro às compras, do sexo à internet. Conforme vimos anteriormente, a maioria das estratégias de controle não são um problema, desde que usadas com moderação. Mas qualquer uma delas pode, sim, ser problemática se usada em excesso ou inadequadamente, trazendo vícios, dificuldades de relacionamento, problemas de saúde ou pura perda de tempo. Todos esses problemas secundários e sentimentos dolorosos a eles ligados estão na categoria do "desconforto sujo".

Com o botão de briga desligado:

- Nossas emoções estão livres para circular.
- Não perdemos tempo e energia evitando-as ou lutando.
- Não criamos nenhum "desconforto sujo".

Com o botão de briga ligado:

- Nossas emoções ficam paralisadas.
- Perdemos muito tempo e energia lutando.
- Criamos muito "desconforto sujo", doloroso e inútil.

Vejamos o caso de Rachel, 43 anos, secretária em um escritório jurídico. Rachel sofre de síndrome do pânico, condição caracterizada por episódios repentinos de medo avassalador. Durante um ataque de pânico, a vítima experimenta um intenso sentimento de tragédia iminente, associado a sensações angustiantes como falta de ar, dor no peito, palpitação, choque, tontura, tremor e sensação de desmaio. Trata-se de um distúrbio comum: segundo a Revista Brasileira de Psiquiatria, pode atingir até 3,5% da população mundial, ou seja, aproximadamente 231 milhões de pessoas.

O grande problema de Rachel é, na verdade, sua intensa aversão à ansiedade. Para ela, a ansiedade é algo terrível e perigoso, e fará o que for preciso para evitá-la. Sendo assim, ao primeiro sinal de qualquer sensação remotamente semelhante, a sensação em si provoca ainda mais ansiedade. À medida que o nível de ansiedade se eleva, as sensações indesejadas ganham força. O que por sua vez provoca maior ansiedade, até que logo ela se encontra em estado de pânico total.

O mundo de Rachel está encolhendo aos poucos. Ela evita tomar café, ver filmes de suspense ou fazer qualquer tipo de exercício físico. Por quê? Porque tudo isso faz seu coração acelerar, o que desencadeia o círculo vicioso. Recusa-se também a entrar em elevadores e aviões, dirigir por vias de tráfego intenso ou participar de eventos sociais muito concorridos. Por quê? Porque sabe que são situações em que vai se sentir ansiosa, e ansiedade é o que ela quer evitar a qualquer preço.

O caso de Rachel é extremo, mas todos passamos pelo mesmo em menor escala. Todos nós, às vezes, evitamos desafios para fugir do estresse ou da ansiedade que os acompanham. Conforme afirmei anteriormente, com moderação isso não é problema. Entretanto, no final das contas, quanto mais frequente essa fuga, mais sofremos.

"Sim, tudo isso faz sentido", você dirá, "mas o que fazer para parar de lutar contra os sentimentos difíceis quando me fizerem mal?" A resposta é: empregar uma técnica simples chamada "expansão". Antes de abordá-la, precisamos analisar outro caso.

Capítulo 12

COMO SURGIU O BOTÃO DE BRIGA

Conforme for lendo as emoções listadas abaixo, repare, sem se deter muito, naquelas que automaticamente julga como "boas" ou "positivas" e que automaticamente avalia como "ruins" ou "negativas".

- Medo
- Raiva
- Choque
- Desgosto
- Tristeza
- Culpa
- Amor
- Alegria
- Curiosidade

Você acaba de ler uma lista das nove emoções humanas básicas. A maioria das pessoas tende a julgar automaticamente as primeiras seis como "ruins" e as três últimas como "boas". Por quê? Em grande parte por causa das histórias em que acreditamos.

Nosso eu pensante adora contar histórias, e sabemos bem como elas nos afetam quando nos fundimos com elas. A seguir, registro algumas das prováveis histórias inúteis que o eu pensante pode contar sobre as emoções:

- Raiva, culpa, vergonha, medo, tristeza, constrangimento e ansiedade são emoções "negativas".
- Emoções negativas são ruins, perigosas, irracionais e sinais de fraqueza.
- As pessoas devem esconder seus sentimentos.
- Expressar sentimentos é sinal de fraqueza.
- Emoções extremas significam perda de controle.
- Mulheres não devem sentir raiva.
- Homens não devem sentir medo.
- Emoções negativas significam que há algo errado.

Você pode concordar com todas ou apenas com algumas das afirmativas acima, ou ter crenças bem diferentes. Isso depende, em grande parte, da sua criação. Se foi criado numa família em que as emoções "positivas" eram livremente expressas e as "negativas", malvistas, você aprendeu rapidamente que as "negativas" deveriam ser evitadas. Se sua família tendia a suprimir ou esconder seus sentimentos, você aprendeu a manter os seus recolhidos também. Se seus pais acreditavam em "botar a raiva para fora", você deve ter aprendido que é bom expressá-la. Por outro lado, se ficava amedrontado com as manifestações de raiva de seu pai ou de sua mãe, talvez tenha resolvido considerar a raiva ruim, algo a ser evitado ou suprimido.

Qual foi a sua criação?

Um bom exercício é gastar algum tempo pensando em sua criação, no que se refere às emoções. Em geral, o exercício oferece um *insight* em relação a como e por que você luta contra certos sentimentos. Peço que dedique algum tempo ao registro por escrito das respostas (ou pelo menos que reflita sobre elas) às perguntas a seguir.

- Ao longo de seu crescimento:
- Que emoções aprendeu serem desejáveis ou indesejáveis?
- Como aprendeu a melhor forma de lidar com emoções?
- Que emoções sua família manifestava livremente?
- Que emoções eram suprimidas ou malvistas?
- Como os adultos lidavam com suas próprias emoções negativas?
- Que estratégias de controle emocional usavam?
- Como os adultos da família reagiam às suas emoções "negativas"?
- Como resultado dessa criação, que ideias você carrega ainda hoje sobre suas emoções e sua forma de lidar com elas?

Julgando nossas emoções

Uma das razões pelas quais tendemos a julgar as emoções como "ruins" ou "negativas" é que as sentimos como desagradáveis. Criam sensações desconfortáveis no corpo, de que não gostamos, e que, portanto, são indesejadas. Por outro lado, gostamos de sensações prazerosas e, naturalmente, as desejamos mais.

Ao julgar uma emoção "boa", você fará o possível para senti-la mais vezes; se a julgar "ruim", tentará se livrar dela com mais empenho. Assim, o julgamento nos prepara para lutar contra nossos sentimentos. Na TAC, estimulamos você a deixar de julgar suas emoções e passar a vê-las pelo que são: um fluxo de sensações e impulsos em constante mutação, circulando continuamente pelo seu corpo.

Só porque algumas sensações e impulsos são desconfortáveis não significa que sejam "ruins". Por exemplo, se você cresceu numa família em que as pessoas não expressavam amor e afeto, talvez ache esses sentimentos desconfortáveis. Significa, então, que são "ruins"? Não é interessante que muitos considerem o medo uma emoção "ruim" e ainda assim paguem para ver filmes de terror ou ler livros de suspense, exatamente para vivenciar esse sentimento? Portanto, nenhuma emoção é "ruim" por si só. A noção de "ruim" é apenas fruto de um pensamento, é um julgamento feito pelo eu pensador. No entanto, se nos fundimos com esse pensamento — se literalmente acreditarmos que o sentimento é ruim —, então, é claro, lutaremos contra ele com todas as forças. E sabemos aonde isso vai dar.

Qualquer estratégia de desfusão pode ajudá-lo a lidar com pensamentos inúteis em relação aos seus sentimentos. Por exemplo, suponha que sua mente diga: "essa ansiedade é terrível." Você pode repetir consigo mesmo: "Estou tendo o pensamento 'esta ansiedade é terrível'." Ou, de forma mais simples: "Obrigado, mente!"

Uma estratégia útil é simplesmente atribuir um rótulo ao pensamento. Cada vez que perceber um julgamento, simplesmente diga: "Julgando." Reconheça sua presença, perceba que são apenas palavras e deixe-o ali. A meta é *liberar* os julgamentos, não *pará-los*. O eu pensante é um juiz experiente e jamais deixará de julgar por muito tempo. Entretanto, você pode aprender a liberar esses julgamentos cada vez mais, em vez de ser "pego" por eles.

E quando o sentimento é realmente "terrível"? Nesse caso, voltamos para a estratégia prática: esse pensamento é útil? Se você se fundir com o pensamento "isso é terrível!", isso o ajudará a lidar com as emoções ou simplesmente o deixará pior?

Como a mente reforça nosso desconforto emocional

O julgamento é uma das formas mais comuns utilizadas pela mente para reforçar o desconforto emocional, embora existam muitas outras. Listadas a seguir estão perguntas e comentários comuns que a mente faz e que, em geral, agitam ou intensificam os sentimentos desagradáveis.

"POR QUE ESTOU ME SENTINDO ASSIM?"

Pergunta que o predispõe a desfiar um rosário de problemas, um por um, na tentativa de identificar a causa dos sentimentos. Naturalmente, você se sente pior com isso, porque fica com a impressão de que sua vida é só problema, e também perde uma enorme quantidade de tempo com pensamentos desagradáveis. É um processo que ajuda em termos práticos? Que muda sua vida para melhor?

Geralmente, as pessoas fazem essa pergunta por acharem que, se conseguirem descobrir o motivo, encontrarão uma forma de melhorar. Infelizmente, essa estratégia quase sempre é um tiro que sai pela culatra. Na verdade, na maior parte dos casos, não importa realmente por que os sentimentos desagradáveis surgiram. O que importa é como você reage a eles. O ponto básico sempre é: o que você sente é o que você sente! Portanto, se aprender a aceitar seus sentimentos sem analisá-los, muito tempo e esforço podem ser poupados.

"O QUE FIZ PARA MERECER ISSO?"

Pergunta que o predispõe à autoacusação. Você repassa tudo o que já fez de "ruim" para entender por que o universo decidiu puni-lo. Resultado: acaba se sentindo desvalorizado, inútil, mau, incompetente. E, novamente, isso ajuda em termos práticos? Não será outra estratégia ineficaz de controle?

"POR QUE SOU ASSIM?"

Pergunta que o leva a rastrear sua história de vida à procura de razões que expliquem seu jeito de ser. Em geral, é uma busca que provoca raiva, ressentimento e desesperança. E, muito frequentemente, leva você a responsabilizar os pais. Isso ajuda?

"NÃO CONSIGO!"

As variações sobre o tema incluem "não aguento!", "não dou conta", "vou ter um ataque de nervos", e assim vai. Em essência, a mente alimenta você com a história de que é muito fraco para lidar com a questão, e algo ruim vai acontecer se continuar assim. É uma história útil, merece atenção?

"NÃO DEVERIA ME SENTIR ASSIM!"

Essa é clássica. A mente resolve discutir com a realidade. A realidade é a seguinte: o jeito como você se sente nesse exato momento é o jeito como você se sente. A mente, porém, diz que a realidade está errada! Não deveria ser assim! "Pare! Me dê a realidade que eu quero!" É uma discussão sem fim, que nunca termina a seu favor. E isso muda alguma coisa?

"GOSTARIA DE NÃO ME SENTIR ASSIM!"

Doces ilusões: um dos passatempos prediletos da mente ("Queria me sentir mais confiante", "Queria não me sentir tão ansioso"), que nos mantém envoltos numa indagação interna por horas, imaginando como a vida poderia ser melhor se nos sentíssemos de outra forma. E isso nos ajuda a lidar com a vida que levamos agora?

A lista poderia prosseguir. Basta dizer que o eu pensante tem inúmeras formas de intensificar diretamente nossos sentimentos ruins ou de nos fazer perder tempo remoendo-os. Portanto, de agora em diante, pegue a mente no ato quando ela tentar agarrá-lo com perguntas e comentários desse tipo. Recuse-se a entrar no jogo. Agradeça à mente por tentar fazê-lo perder tempo, e trate de se concentrar em algo útil ou em uma atividade significativa. Talvez seja útil afirmar: "Obrigado, mente, mas não estou a fim de brincar hoje."

O botão de briga revisto

Agora você pode ver como o botão conquistou o seu lugar. Nosso eu pensante o criou, ensinando que sentimentos desconfortáveis são "ruins" ou "perigosos", que não damos conta deles, que somos defeituosos por sequer pensarmos neles, que vão tomar conta do nosso ser ou fazer mal de alguma forma. Se nos fundirmos com essas histórias, o botão liga e passamos a perceber as emoções como uma ameaça. E como o cérebro responde a uma ameaça? Ativando o instinto de lutar ou fugir, que, a partir daí, abre espaço para todo um novo conjunto de sentimentos desagradáveis.

Recorrendo a uma analogia, suponha que um parente distante bata à sua porta. Você nunca o viu antes, mas já ouviu muitas histórias sobre ele. Disseram que ele é mau, perigoso, que ninguém gosta dele, que as únicas relações que tem são com pessoas problemáticas, as quais sempre acabam feridas ou prejudicadas, sob seu controle e com as vidas arruinadas.

Se você realmente acreditar nas histórias ouvidas, qual seria sua atitude com relação ao parente? Gostaria de recebê-lo? Gostaria de tê-lo por perto em qualquer situação? Claro que não. Você faria o necessário para se livrar dele o mais rápido possível. Mas e se as histórias forem falsas ou exageradas? E se o parente for uma pessoa legal, vítima de fofocas maliciosas?

A única forma de saber seria passando algum tempo com ele, ignorando a fofoca e a difamação e constatando a realidade pessoalmente. É provável que você já tenha vivido algo semelhante. Talvez nos tempos de escola ou no trabalho, tenha ouvido horrores de uma pessoa, apenas para descobrir mais tarde que ela não era tão ruim quanto se pensava.

O mesmo acontece quando aprendemos a lidar com emoções desagradáveis. Precisamos é de uma experiência direta com elas, conectando-nos diretamente através do eu observador, em vez de acreditar automaticamente nas histórias do eu pensante. Assim, você vai descobrir que os sentimentos não são tão ruins quanto pensava, e vai se dar conta de que são incapazes de causar mal, controlar ou dominar.

Quando digo que emoções não podem fazer mal, as pessoas costumam apontar pesquisas mostrando que a depressão e a raiva crônicas fazem, sim, mal à saúde física. No entanto, a palavra-chave aqui é "crônicas", ou seja, "contínuas", "por um extenso período de tempo". As emoções dolorosas só se tornam crônicas quando o botão de briga está ligado. Uma vez encerrada a luta, elas estão livres para circular e em geral o fazem bem rapidamente. Portanto, quando respondemos a nossas emoções com aceitação, elas não se tornam crônicas e, por consequência, não machucam. A aceitação quebra o círculo vicioso e libera você para investir tempo e energia em atividades que estimulem a vida.

E adivinhe? No próximo capítulo você vai aprender a fazer isso.

Capítulo 13
ENCARANDO OS DEMÔNIOS

Como você se sentiria se as duas pessoas que mais amasse no mundo morressem de repente? Difícil imaginar, não? Só de pensar nisso já ficamos mal.

Já mencionei Donna, cujo marido e filha foram vítimas de um acidente automobilístico. A maioria nem consegue imaginar tamanha dor, mas com certeza compreendemos o desejo de evitá-la. Quando Donna me procurou seis meses após o acidente, tentava evitar a dor de qualquer maneira. Isso incluía beber duas garrafas de vinho por dia e tomar muitos comprimidos. Mesmo assim, a dor só crescia. Seu "desconforto limpo" (a dor natural da perda) se misturava com muito "desconforto sujo" (todo o sofrimento adicional causado pelos problemas com bebida e drogas). O aprendizado da habilidade de "expansão" foi parte essencial de sua recuperação.

Por que "expansão"? Bem, considere algumas palavras que costumamos usar para descrever os maus sentimentos: "tensão", "estresse", "pressão". Analisando seus significados, você pode ver que elas estão interligadas: tensão é estar esticado ou pressionado; estresse é estar sujeito à pressão; e pressão é esticar além do limite ou ponto ideal. Todos esses termos insinuam que nossos sentimentos são grandes demais; nos desmontam e nos esticam para além dos nossos limites. Contraste-os com "expandir": aumentar em extensão, tamanho, volume, escopo; espalhar, desdobrar ou desenvolver.

Expandir é, essencialmente, abrir espaço para os nossos sentimentos. Se arranjarmos espaço suficiente para os sentimentos desagradáveis, eles não nos esticarão nem pressionarão mais. A reação típica quando as emoções desagradáveis surgem é ativar a tensão, ou seja, os músculos se contraem e se enrijecem. É como se tentássemos comprimir os sentimentos, expulsá-los do corpo na base da força bruta.

Com a expansão, nosso propósito é exatamente o oposto. Em vez de comprimir, vamos abrir. Em vez de intensificar a tensão, vamos liberá-la. No lugar de contrair, vamos expandir.

Costumamos falar de estar "sob pressão" e "precisar de espaço para respirar", pois ficamos "sufocados". Acontece exatamente o mesmo com os nossos sentimentos: se sentimos a "pressão" tomando forma, precisamos dar espaço. Evitar nossos sentimentos ou lutar contra eles não cria mais espaço, mas a expansão, sim.

Quando ouve a expressão "extensão de água" ou "extensão de céu", o que lhe ocorre? A maioria imagina um espaço amplo e aberto. É o que queremos com o termo "expansão": abrir-nos para os nossos sentimentos e dar-lhes bastante espaço. Com isso, a pressão e a tensão serão aliviadas, e os sentimentos ficarão livres para circular — às vezes rapidamente, outras mais devagar. Entretanto, sempre que disponibilizarmos espaço, eles estarão em movimento. E o mais importante: a expansão nos libera para investir energia na criação de uma vida melhor, em vez de perdermos tempo com lutas inglórias.

"Espere um minuto", talvez você diga. "Se eu der espaço para essas emoções, elas vão me atropelar, vou perder o controle!" Embora esse seja um medo comum, não tem fundamento. Lembre-se, a TAC tem sido eficaz com uma grande variedade de problemas psicológicos, desde ansiedade, depressão, vícios até esquizofrenia. Portanto, se o eu pensante estiver contando histórias assustadoras, agradeça.

Os dois eus revistos

O processo de expansão envolve primordialmente o eu observador, não o pensante, portanto vamos parar um momento para relembrar as diferenças. O eu pensante é responsável pelo pensar, no sentido mais amplo da palavra: ele produz todos os nossos pensamentos, julgamentos, imagens, fantasias, lembranças, e é mais conhecido como "mente". Já o eu observador cuida da consciência, da atenção e do foco. Ele observa pensamentos, imagens, memórias etc., mas não pode produzi-los e não possui uma palavra associada comumente usada. As mais próximas seriam "conscientização" e "consciência".

O exercício abaixo ajuda a diferenciar essas duas partes e dá uma ideia do que se conhece por "consciência corporal" — um fator essencial na expansão.

CONSCIÊNCIA CORPORAL

No exercício a seguir, você deverá perceber algo repetidas vezes. Em cada caso, leve cerca de dez segundos para fazer a observação antes de prosseguir.

- Perceba seus pés.
- Perceba em que posição estão suas pernas.
- Perceba a posição e a curvatura de sua coluna vertebral.
- Perceba o ritmo, a velocidade e a profundidade de sua respiração.
- Perceba a posição dos seus braços.
- Perceba o que sente no pescoço e nos ombros.
- Perceba a temperatura do corpo e que partes estão mais quentes e quais estão mais frias.
- Perceba o ar tocando sua pele.
- Rastreie o corpo da cabeça aos pés e perceba se há alguma rigidez, tensão, dor ou desconforto.
- Rastreie o corpo da cabeça aos pés e perceba se existem sensações agradáveis e prazerosas.

• • • • •

Espero que durante o exercício você tenha reparado que estar *consciente* do seu corpo é muito diferente de *pensar* sobre ele. A consciência é fruto do eu observador, e os pensamentos vêm do eu pensante. É claro que alguns pensamentos provavelmente pipocaram. No entanto, a *consciência* — a *percepção* — é um processo diferente.

Caso não tenha percebido essa distinção, refaça o exercício. Note que, enquanto o eu pensante fica tagarelando ao fundo, o eu observador está simplesmente prestando atenção ao seu corpo. Perceba também que há instantes — que podem durar menos do que um segundo —, em que o eu pensante se cala e o eu observador pode observar sem distração.

Uma vez verificada a distinção, é hora de passar para a...

Expansão

Na prática da expansão, precisamos nos esquivar do eu pensante, deixá-lo de lado — deixar que seus comentários inúteis desapareçam, como um rádio que ignoramos — e nos conectar com as emoções por meio do eu observador. Só assim poderemos vivenciar nossas emoções diretamente, vê-las como são e não como o eu pensante alega serem. De acordo com o eu pensante, as emoções negativas são demônios gigantescos e perigosos. Entretanto, o eu observador as revela conforme são: demônios relativamente pequenos e inofensivos, ainda que horrendos.

Portanto, ao praticar a expansão, a meta é *observar* suas emoções, e não *pensar* sobre elas. Há apenas um problema: o eu pensante nunca se cala! Ou seja, enquanto você pratica a expansão, o eu pensante vai tentar distraí-lo sem parar. Ele julgará seus sentimentos, tentará analisá-los, contará histórias assustadoras ou alegará que você é incapaz de lidar com eles. Ou dirá: “Não faça esses exercícios, ler já é suficiente.” Ou poderá até sugerir que os “faça mais tarde”, sabendo muito bem que provavelmente não fará.

Nada disso precisa ser um problema. Permita que seus pensamentos aconteçam, deixe-os ir e vir. Reconheça sua presença sem se concentrar. Trate-os como se fossem carros passando em frente à sua casa — você sabe que estão lá, não precisa olhar pela janela cada vez que passa um. Se um pensamento fisgar você, da mesma forma que uma freada brusca o atiraria de encontro ao para-brisa, assim que reconhecer sua presença, volte calmamente ao que estava fazendo.

Essa é, em essência, a mesma habilidade de desfusão que aprendemos com as Dez Respirações Profundas, no capítulo 7, página 89. Se não a estiver praticando regularmente, então, *por favor*, comece agora mesmo! Volte ao capítulo, releia todo o exercício e pratique pelo menos dez vezes ao dia por uma semana, antes de prosseguir com a leitura. Lembre-se de que não há pressa em acabar o livro. Pense nele como um feriado — você aproveita mais se não tiver pressa, se não tentar conhecer todas as atrações num dia só.

Assim, ao praticar a expansão, deixe que seus pensamentos se movimentem ao fundo e mantenha a atenção em suas emoções. Lembre:

- A essência de uma emoção é só um conjunto de mudanças físicas.
- Percebemos essas mudanças primeiramente como sensações físicas.

A expansão começa pela percepção do que estamos sentindo fisicamente (a consciência corporal) e pela observação precisa de onde essas sensações se manifestam. Ela prossegue, então, pelo estudo das sensações com mais detalhes, o primeiro dos quatro passos básicos, descritos a seguir.

Os quatro passos da expansão

Os quatro passos básicos da expansão são: observe seus sentimentos, respire, crie espaço para eles e permita que fiquem lá. Parece simples, não? É porque é mesmo. E também não requer esforço. O que não significa que seja fácil. Lembra-se da areia movediça? Flutuar é simples e não requer esforço, mas mesmo assim está longe de ser fácil. Não se preocupe. Se você caísse na areia movediça várias vezes por semana, logo ficaria craque em flutuar. O mesmo vale para a expansão: quanto mais pratica, mais fácil e mais natural fica.

Portanto, consideremos esses passos detalhadamente antes de passar à prática. Sempre que se vir lutando contra uma emoção desagradável, siga os quatro passos a seguir:

PASSO 1: OBSERVE

Observe as sensações pelo seu corpo. Dedique alguns segundos a um rastreamento completo, dos pés à cabeça. Fazendo isso, perceberá várias sensações desconfortáveis. Procure pela que mais incomodar. Por exemplo, um nó na garganta ou um estômago embrulhado, ou lágrimas nos olhos. Se sentir desconforto no corpo inteiro, escolha a área que *mais* incomodar. Concentre a atenção nessa sensação. Observe-a com curiosidade, como um cientista que descobriu um novo fenômeno. Repare onde começa e onde termina. Se tivesse que traçar um contorno desse sentimento, que forma assumiria? Ele está na superfície do corpo ou dentro de você? É muito profundo? Onde é mais intenso? Onde é mais fraco? Há alguma diferença de sensação do centro dessa área para a beirada? Há alguma pulsação ou vibração? É leve ou pesado? Movimenta-se ou está parado? É quente ou frio?

PASSO 2: RESPIRE

Respire por dentro da sensação e em volta dela. Comece com algumas inspirações profundas — quanto mais lentas melhor — e certifique-se de esvaziar completamente os pulmões ao expirar. A respiração lenta e profunda é importante porque diminui a tensão no corpo. Ela não o livra dos sentimentos, mas cria uma ilha de tranquilidade em você. É como uma âncora no meio da tormenta emocional: a âncora não elimina a tempestade, mas vai mantê-lo firme até que ela passe. Respire suave e profundamente e imagine sua respiração atravessando a sensação.

PASSO 3: CRIE ESPAÇO

À medida que sua respiração penetra no sentimento e o envolve, é como se você, de alguma forma, criasse um espaço extra dentro do corpo. Você abre e cria um espaço em volta da sensação, deixando bastante "espaço para manobra". Se ela crescer, é só providenciar ainda mais espaço.

PASSO 4: PERMITA

Permita que a sensação fique ali, mesmo que não goste dela. Quando sua mente começar a comentar, diga "obrigado" e volte a observar. É claro que será difícil. É possível que sinta um forte ímpeto de lutar contra o sentimento ou de afastá-lo. Se for o caso, apenas reconheça o ímpeto. Fazer isso é como assentir com a cabeça e dizer: "Aí está você, posso vê-lo." Em seguida, volte a atenção para o sentimento.

Lembre-se: não tente se livrar da sensação ou alterá-la. Se ela se modificar sozinha, tudo bem. Se não, tudo bem também. A meta não é mudá-la ou se livrar dela. A meta é fazer as pazes com ela, deixá-la ficar mesmo que não goste dela.

Talvez tenha que se concentrar na sensação por alguns segundos ou minutos até desistir por completo de lutar. Seja paciente, leve o tempo que for. Você está aprendendo uma habilidade valiosa.

Feito isso, proceda a um novo rastreamento, verificando a existência de alguma outra sensação que incomode. Repita o procedimento. Ele poderá ser repetido quantas vezes for necessário com quantas outras sensações existirem. Continue até que o botão de briga esteja completamente desligado.

• • • • •

Ao praticar esta técnica, podem acontecer duas coisas: ou seus sentimentos mudam ou não mudam. Seja qual for o resultado, ele não interessa, porque a técnica não almeja mudar seus sentimentos — seu objetivo é a aceitação. Se perder a luta contra um sentimento, o impacto será muito menor, quer o sentimento mude ou não.

Agora vamos à prática!

Chegamos, afinal, à prática. Você vai precisar lidar com sentimentos desagradáveis ao praticar a expansão. Relembre algum problema, algo que preocupe, perturbe ou estresse você — o tipo de problema que o levou a escolher este livro.

"O quê?", você vai gritar. "Ficou maluco? Não quero me sentir mal!"

Bem-vindo ao clube. Não conheço ninguém que *queira* sentir desconforto. A ideia é *estar predisposto* a isso. *Querer* significa *gostar*. *Predisposição* é simplesmente ser capaz de *permitir*.

Por que desenvolver a predisposição? Porque você terá sentimentos desconfortáveis por toda a vida. Se continuar tentando evitá-los, acabará criando mais "desconforto sujo". Ao criar espaço para eles e se *predispondo* a senti-los, mesmo que não os *deseje*, você muda sua relação com eles. Os sentimentos serão bem menos ameaçadores e terão muito menos influência. Além disso, tomarão menos tempo e energia.

Quanto mais fugimos de nossos demônios, quanto mais tentamos não encará-los, maiores e mais assustadores parecem. Formas ameaçadoras que só percebemos de relance são bem mais perturbadoras do que aquilo que enxergamos com clareza. É por esse motivo que nos filmes de terror sempre filmam o monstro espreitando no escuro. Se o trouxessem para a luz, não seria tão amedrontador.

"Mas isso não é masoquismo?", pergunta você.

Bem, se você estiver sentindo a dor só por senti-la, sim, seria masoquismo. Entretanto, não é o que acontece na TAC. Não recomendamos que se exponha ao desconforto, a menos que seja em nome de algo relevante.

Suponha que você sofra de uma artrite leve no tornozelo esquerdo, que de vez quando incha e dói. Suponha ainda que seu médico sugira a amputação da perna. Não existe a menor chance de você acatar uma solução tão radical para algo tão superficial, existe? Entretanto, suponha que você tenha um câncer no osso dessa perna e a amputação seja a única chance de sobreviver. Nesse caso, você com certeza optaria por ela. Aceitaria o desconforto da amputação em nome de algo importante: sua vida.

O mesmo ocorre com o desconforto emocional. De nada adianta ficar patinando nele sem rumo. Na TAC, a aceitação do desconforto só tem um objetivo: ajudá-lo a levar a vida numa direção significativa. Assim, ao alimentar certo desconforto para praticar a expansão, você está na verdade aprendendo uma habilidade valiosa para transformar sua vida.

Portanto, chega de conversa! É hora de agir. Leia novamente os quatro passos da expansão descritos anteriormente. Em seguida, relembre um problema relevante na sua vida e pense nele por um ou dois minutos, de modo a "desencavar" sentimentos desagradáveis.

Com um sentimento no qual trabalhar, pratique os quatro passos: observe, respire, crie espaço e permita. É importante não criar expectativas ao praticar a técnica. Em vez disso, repare nos acontecimentos, e, se tiver problemas, não se preocupe. No próximo capítulo, você aprenderá a resolvê-los.

Capítulo 14
RESOLVENDO PROBLEMAS DE EXPANSÃO

Já afirmei e repito: praticar a expansão pode ser simples, mas com certeza não é fácil. Mais uma vez, porém, qual desafio significativo é fácil? Criar seus filhos, manter a forma ou um relacionamento, seguir uma carreira, criar uma obra de arte, cuidar do meio ambiente: tudo isso envolve dificuldades. Por que a expansão seria diferente? Como acontece com qualquer habilidade nova, o começo é difícil, mas a prática deixa tudo mais fácil. Listadas abaixo, você encontrará algumas respostas às preocupações mais comuns.

Dúvidas mais frequentes sobre a expansão

P: Tentei criar espaço para o sentimento, mas ele era forte demais. O que devo fazer?

R: Escolha *uma* sensação perturbadora e mantenha o foco nela. Procure aceitar aquela única sensação, mesmo que isso leve alguns minutos. Depois, prossiga e escolha outra.

P: É difícil manter o foco numa única sensação.

R: Sim, às vezes é difícil, no começo, mas fica mais fácil com a prática. Dê o melhor de si, e, se a atenção escapulir para outra sensação, traga-a de volta assim que perceber.

P: Mas meus pensamentos ficam me distraindo.

R: Sim, essa é a natureza da mente. Ela o distrai, retira você da experiência. Quando ela começar a tagarelar, limite-se a agradecer ou a dizer a si mesmo, em silêncio, "Pensamento", para em seguida voltar calmamente a atenção para a sensação inicial. Cada vez que o fizer, estará aprendendo duas novas habilidades: primeiro, perceber quando está totalmente tomado por seus pensamentos (fusão), e segundo, retomar o foco depois que ele se dispersou.

P: Fantástico. Na hora em que criei espaço para os sentimentos desagradáveis, eles desapareceram. É o que devo esperar sempre?

R: Não, não e não! Ao praticarmos a expansão, os sentimentos desagradáveis em geral se dispersam. No entanto, assim como no caso das técnicas de desfusão, trata-se apenas de um ganho extra, e não da verdadeira intenção. A meta da expansão é criar espaço para os sentimentos, para que você sinta o que quer que seja, sem luta. Muitas vezes, esses sentimentos se movimentarão rapidamente, mas em outras não. Portanto, se sua expectativa é sentir-se bem, mais cedo ou mais tarde se decepcionará e acabará brigando de novo.

P: De início, os sentimentos desapareceram, mas logo voltaram.

R: Muitos sentimentos desconfortáveis aparecem repetidas vezes. Se alguém que você ama morreu, você será acometido por ondas de tristeza por semanas, meses ou até anos. Se receber um diagnóstico de câncer ou outra doença grave, ondas de medo surgirão continuamente. Você não consegue parar as ondas, mas pode aprender a surfar.

P: Criei espaço para os sentimentos, porém eles não mudaram.

R: Às vezes os sentimentos mudam rapidamente, mas nem sempre. É preciso aceitar que mudarão no momento certo e não de acordo com o seu tempo.

P: Aceitei meus sentimentos. E agora?

R: Escolha uma área importante da sua vida e empreenda ações eficazes de acordo com os seus valores.

P: Por que você sempre volta às ações e aos valores?

R: As ações são importantes porque, ao contrário dos pensamentos e sentimentos, você tem controle sobre elas. Valores são importantes porque podem guiá-lo e estimulá-lo em situações nas quais sentimentos o desviariam. Agir de acordo com seus valores é, por si só, gratificante e realizador — ainda que, em geral, isso force você a encarar os medos.

Sentimentos agradáveis como satisfação, alegria e amor são subprodutos naturais quando se vive com base em valores. Entretanto, não são os únicos. Outros subprodutos são emoções desconfortáveis como medo, tristeza, raiva, frustração e decepção. Não é possível ter só os sentimentos agradáveis, sem os demais. Por isso, é importante aprender a aceitar todos os seus sentimentos.

P: Inúmeras abordagens de autoajuda sugerem que, quando nos sentimos mal, devemos fazer outra coisa, como tomar um banho quente, ouvir música, ler um bom livro, beber um chocolate quente, passear com o cachorro, praticar nosso esporte preferido, passar tempo com os amigos e por aí vai. Você sugere o contrário?

R: Essa pergunta foi respondida no capítulo 2. Tenho certeza de que você já ouviu bons conselhos de várias fontes, sobre atividades que ajudam quando estiver “mal”. A maior parte delas pode ser extremamente gratificante, desde que você as valorize genuinamente. Ou seja, enquanto recorrer a elas por serem de fato significativas. No entanto, se realizá-las apenas para fugir dos sentimentos desagradáveis, a probabilidade é de que não sejam assim tão gratificantes. É difícil apreciar a vida quando se está tentando evitar algo ameaçador.

Portanto, na TAC, a aceitação vem primeiro: criamos espaço para os sentimentos e permitimos que sejam exatamente o que são. Em seguida, perguntamos: "O que posso fazer agora que seja verdadeiramente significativo ou importante?" É muito diferente de perguntar: "Como posso me sentir melhor?" Então, uma vez identificada uma atividade que valorizemos, é preciso prosseguir e agir.

Para se lembrar dos três passos, basta gravar as iniciais:

T = **T**ome medidas eficazes.
A = **A**ceite seus pensamentos e sentimentos.
C = **C**onecte-se aos seus valores.

É claro que, uma vez aceitos os sentimentos desagradáveis e uma vez que você tenha mergulhado em atividades que valoriza, sentimentos agradáveis começarão a surgir. Porém, conforme já adverti inúmeras vezes, esse é um bônus, não a meta. A meta é se engajar em atividades significativas, não importa o que sinta. É isso, no final das contas, que torna a vida gratificante.

P: Aceitei meus sentimentos por algum tempo, mas logo depois comecei a lutar contra eles novamente.

R: Isso é comum. Em geral precisamos aceitar, aceitar e aceitar de novo. A palavra "aceitação" é enganosa, por parecer uma ação única quando, na verdade, é um processo contínuo. "Aceitando" talvez fosse um termo melhor.

P: O que fazer se ocorrerem sentimentos fortes enquanto estiver no trabalho ou em outra situação na qual não possa praticar a expansão?

R: Com a prática, a expansão acontece quase instantaneamente. São necessários apenas alguns segundos para fazer uma respiração lenta e profunda, rastrear o corpo e criar espaço para o que se está sentindo. Feito isso, concentre-se na ação, em vez de se deixar aprisionar pelos sentimentos.

P: A respiração é essencial?

R: Não, não é, embora a maioria a considere muito útil. Os outros dois passos, observar e permitir, são os únicos aspectos essenciais da expansão.

P: Como aceitar meus sentimentos quando eles provocam efeitos colaterais embaraçosos, como enrubescimento?

R: Nos meus tempos de médico de família, eu detestava limpar feridas de crianças pequenas. Elas ficavam aterrorizadas, gritavam e vociferavam enquanto os pais as seguravam. Eu me sentia um sádico! Sentia, frequentemente, muita ansiedade e minhas mãos começavam a tremer. Parece óbvio agora que aquilo era embaraçoso, mas se me preocupasse demais no momento, as mãos tremiam ainda mais.

Eu não gostava disso, mas não conseguia controlar minhas mãos. É o que as mãos fazem quando fico nervoso. Eis porque jamais seria especialista em desativar bombas! Portanto, naquelas situações, a única opção era a aceitação. Eu dizia aos pais: "Quando eu começar a limpar, vocês notarão certo tremor em minhas mãos. Não se preocupem. Isso sempre acontece quando trato das feridas de crianças pequenas e não vai me impedir que eu faça um bom trabalho." Então, à medida que me envolvia com a limpeza, minhas mãos iam ficando mais firmes. Nem sempre, convenhamos, mas na maioria das vezes. Mesmo nas poucas ocasiões em que tremiam, era bem mais fácil lidar com o fato, já que eu o aceitava.

O corpo humano pode fazer coisas estranhas com sentimentos fortes. Podemos corar, nos contorcer, tremer, suar, ter cólicas, não ter uma ereção ou não atingir um orgasmo, ou até desmaiar ou vomitar. Tenha em mente que essas reações resultam, em geral, de um botão de briga ligado. Com o botão assim, as emoções são ampliadas e, então, as reações físicas são maiores. Com o botão desligado, as emoções são mais fracas e mudam com mais rapidez, causando reações físicas menos intensas. Você ficará bem melhor se aceitar essas reações do que se lutar contra elas. Na luta, seus sentimentos se intensificam e as reações físicas pioram. Entretanto, muitas vezes, ao aceitarmos essas reações, elas melhoram.

Lembre-se também de que estamos falando de um processo que tem duas partes: aceitação e ação. Portanto, aceitar as reações é o primeiro passo. Em seguida, se houver algo eficaz a ser feito, faça-o. Caso não haja um remédio eficaz, a aceitação é sua melhor opção.

P: Estou começando a ter minhas dúvidas. Você mesmo parece ser uma pilha de nervos.

R: Os terapeutas da TAC não saem por aí fingindo ser pessoas iluminadas ou saberem mais do que você. Admitimos francamente ser humanos e estar expostos às mesmas armadilhas. Portanto, sim, você está certíssimo. De fato, passo por muita ansiedade na vida. Hoje, porém, consigo lidar bem com ela. Por exemplo, ao falar em público, aceito plenamente minha ansiedade sem lutar. Não sou melhor do que ninguém por isso, mas estou, de fato, disposto a aceitar meus sentimentos para conseguir fazer algo que importa para mim. Pouco antes de começar a falar, minha ansiedade dispara. Depois, ao me envolver com a palestra, algo acontece: ou ela diminui ou não. Em geral, diminui rapidamente, mas não será problema se isso não acontecer, porque eu a aceito.

Quando olho minha vida em retrospectiva, consigo ver como a aceitação reduziu drasticamente meus níveis de ansiedade. Como médico iniciante, a ansiedade era frequente e, como consequência, minhas mãos estavam sempre suadas. Comecei a ficar mais ansioso, e adivinha? Isso mesmo: a situação piorou, até que desenvolvi um eczema entre os dedos. Hoje em dia, às vezes minhas mãos ainda ficam suadas, mas não com tanta frequência, porque não ligo. Retrocedendo ainda mais, quando eu ainda era estudante de medicina, sofria demais com a ansiedade social e bebia além da conta tentando contrabalançá-la. Resultado: ficava bêbado, acabava fazendo bobagens e acordava de ressaca. Hoje ainda fico ansioso em algumas situações, mas, porque aceito a ansiedade, ela vem e vai, sem cair num círculo vicioso. Como resultado, passei a desfrutar de eventos sociais sem sofrer os efeitos colaterais do álcool — agora quase não bebo.

É claro que há ocasiões em que ainda lido mal com a ansiedade, quando esqueço tudo o que escrevi neste livro: ando para cima e para baixo pela casa, me preocupo inutilmente ou devoro um pacote inteiro de biscoitos. Entretanto, com o passar dos anos, recorro cada vez menos a esses expedientes e melhoro minha auto-observação, fazendo algo mais eficaz.

O mesmo, sem dúvida, valerá para você. Algumas vezes usará as novas habilidades e colherá os louros. Em outras, vai esquecer que existem. Ao longo da vida, repetidas vezes, se verá em luta contra seus sentimentos. Essas são as más notícias. As boas são que, no instante em que compreender o que aconteceu, você terá condições de reagir, de imediato, com eficácia bem maior.

P: Não gosto nada dessa "aceitação". Com certeza deve haver formas mais fáceis de lidar com as emoções.

R: É preciso que você confie na própria experiência. A TAC funciona especialmente bem com pacientes que já tentaram diferentes tipos de terapia ou programas de desenvolvimento pessoal. Essas pessoas constataram por si mesmas que estratégias de controle não são eficazes. Assim, talvez você precise tentar outras abordagens mais populares — hipnose, visualização, afirmações, pensamento positivo, e assim por diante — e descobrir você mesmo que não são, de fato, eficazes. Só então, talvez, esteja totalmente pronto para a minha abordagem. No entanto, antes de sair a campo para fazer isso, releia o capítulo 2. Reconsidere os métodos que já usou para controlar pensamentos e sentimentos "negativos" e se pergunte se esses métodos funcionaram a longo prazo. Eles o aproximaram da vida que deseja?

P: Esses princípios se aplicam a todas as emoções?

R: Sim. Entretanto, a maioria das pessoas não tem problemas com emoções neutras ou agradáveis. Tendemos a lutar apenas contra as desconfortáveis.

P: Não sinto emoções no meu corpo. Estão todas na minha cabeça.

R: Às vezes parece que você não sente emoções no corpo, mas todos sentem. Se não consegue senti-las de imediato, é possível que esteja muito desconectado do seu corpo. Se for o seu caso, pratique o exercício de Consciência Corporal (veja o capítulo 13, página 127). Faça isso por três ou quatro minutos, duas vezes ao dia, especialmente quando se sentir aborrecido ou estressado. Logo terá condições de localizar as emoções no corpo. Em geral, existem áreas-chave onde as sentimos com mais intensidade. As mais comuns são testa, têmporas, maxilares, pescoço, ombros, garganta, peito e abdômen.

P: Mas eu não sinto nada quando fico profundamente aborrecido; fico até meio entorpecido.

R: Então pratique a aceitação do entorpecimento. Encontre a parte mais entorpecida do corpo e pratique a expansão ali. Em geral, verificará que, criando espaço para o entorpecimento, outros sentimentos desconfortáveis aparecerão. Assim, você pode praticar a expansão neles.

P: O eu pensante pode ajudar na expansão?

R: Sim, pode. Embora o eu pensante naturalmente o prepare para lutar, ele pode também ajudá-lo a aceitar sentimentos desagradáveis. Pode ajudar de duas formas: com o diálogo interior de aceitação e com a imaginação da aceitação.

DIÁLOGO INTERIOR DE ACEITAÇÃO

Ao praticar a expansão, há quem considere o diálogo interior muito útil. Talvez seja bom tentar dizer coisas como:

- "Não gosto desse sentimento, mas tenho espaço para ele."
- "É desagradável, mas posso aceitar."
- "Estou tendo o sentimento de que..."
- "Não gosto disso, não quero isso, nem aprovo isso. Neste exato momento, porém, eu aceito isso."

A verdadeira aceitação não é um processo do pensamento. É uma atitude de abertura, interesse e receptividade que começa no eu observador. Portanto, repetir o que os exemplos acima dizem não fará com que de fato os aceite. No entanto, as palavras podem servir de alerta, relembrando-nos e conduzindo-nos à aceitação.

VISUALIZAÇÃO DA ACEITAÇÃO

Trata-se de uma variação dos quatro passos da expansão. Em geral, é eficaz com aqueles que são bons para visualizar. Faça, primeiro, um rastreamento do corpo e escolha a sensação que mais incomoda. Observe-a como um cientista curioso. Agora visualize-a como um objeto. Qual é o seu tamanho e forma? É líquido, sólido ou gasoso? Transparente ou opaco? De que cor? Essa cor varia? Qual é a sua temperatura? É leve, pesado ou não tem peso? Qual é a textura? Áspera, suave, úmida, seca, pegajosa, espinhosa, quente, fria? Faz algum barulho? Vibra, pulsa ou se movimenta? É fixa ou móvel?

Respire lenta e profundamente. Respire por dentro e em volta do objeto. Crie espaço para ele. Abra espaço à sua volta e permita que fique bem ali onde está. Não precisa gostar dele, simplesmente deixe-o ficar. Não tente se livrar dele e não tente alterá-lo. Se ele mudar sozinho, ótimo. Se não, tudo bem. A meta é simplesmente aceitá-lo.

Outras dúvidas

P: Quanto devo praticar?

R: A expansão é uma habilidade forte de aceitação, e é claro que quanto mais praticar, melhor vai ficar. Experimente-a com diferentes sentimentos, intensos e fracos. Aproveite cada oportunidade. Por exemplo, se estiver no trânsito, preso numa fila lenta ou esperando um amigo atrasado, use o tempo para praticar. Repare no que está sentindo naquele momento: tédio, ansiedade, irritação? Seja o que for, observe, respire, crie espaço e deixe estar. Pelo menos estará usando seu tempo de forma construtiva, para desenvolver uma nova habilidade, em vez de apenas lutar contra os sentimentos.

P: Não é nocivo se concentrar em sentimentos desagradáveis?

R: Peço que se concentre nos sentimentos desagradáveis apenas para desenvolver melhores habilidades de aceitação. É óbvio que, diariamente, a concentração demasiada neles vai criar problemas e desviar sua atenção de coisas mais importantes. As metas da prática são:

- Estar consciente de seus sentimentos, e não preocupado com eles.
- Aceitar seus sentimentos inteiramente e permitir-lhes livre movimentação.

- Concentrar-se nos seus sentimentos se e quando isso for útil.
- E, *não importa o que* estiver sentindo, continue fazendo o que importa para você.

P: Até agora só nos concentramos nas sensações. Como lidar com impulsos?

R: Com o emprego de uma técnica simples conhecida como Surfar o Ímpeto. Sim, você adivinhou: é o assunto do próximo capítulo.

Capítulo 15

SURFANDO O ÍMPETO

As emoções preparam seu corpo para agir, ou seja, toda emoção nos dá o impulso para agir de certa forma. Chamamos esse impulso de "ímpeto". Na raiva, talvez tenhamos o ímpeto de gritar, de socar algo ou alguém ou de provar que estamos certos. Na tristeza, podemos ter o impulso de chorar, nos enroscar ou buscar consolo. No medo, o ímpeto pode ser sair correndo e se esconder, andar para cima e para baixo ou falar muito rápido.

Vivenciamos também vários impulsos *não* associados a emoções, como comer, beber, dormir ou fazer sexo. Ou ainda os ímpetos poderosos do vício: apostar, fumar, beber ou usar drogas. Quando não estamos muito bem, sentimos, em geral, fortes ímpetos de recorrer a estratégias de controle. Por exemplo, sempre que fico ansioso, sinto um forte impulso de comer chocolate ou ir ao cinema. Com outra pessoa, a ansiedade provocaria o ímpeto de tomar um uísque duplo, fumar um cigarro ou correr.

Agir ou não agir?

Sempre que surge o ímpeto, há duas escolhas possíveis: agir ou não agir. Portanto, uma vez consciente de um impulso, você precisa se perguntar: "Se eu agir em função dele, agirei de acordo com aquilo que quero ser? Isso vai conduzir minha vida na direção que desejo?" Se a resposta é afirmativa, faz sentido agir. Por exemplo, você agiu mal com alguém, sente-se culpado e tem o ímpeto de pedir desculpas. Se isso for coerente com a pessoa que quer ser e seus valores, então é sensato fazê-lo.

Por outro lado, suponhamos que você agiu mal com alguém e ainda está ressentido. Nesse caso, no lugar do impulso de pedir desculpas, pode sentir o ímpeto de escrever uma carta dura ou fazer comentários maldosos. Se esse impulso não for coerente com quem você deseja ser, o sensato é *não* agir.

Assim, quando se trata de lidar eficazmente com seus ímpetos, o primeiro passo é reconhecer o que está sentindo. Diga a si mesmo, em pensamento: "Estou tendo o ímpeto de fazer isso."

O segundo passo é verificar o ímpeto à luz dos seus valores: agir segundo esse ímpeto vai ajudar você a ser quem quiser? Se a resposta for *sim*, aja, usando o ímpeto para orientá-lo. Se for *não*, procure agir mais em consonância com seus valores.

Vejamos o caso de Lisa, universitária de 21 anos. Lisa dá muito valor ao relacionamento com os amigos e gosta de estar com eles regularmente. Ao ficar deprimida, porém, sente um forte impulso de ficar em casa sozinha. (Esse é um impulso muito comum entre depressivos.) Arma-se, então, um conflito de interesses. Os valores de Lisa a orientam para uma direção — para a socialização —, porém o ímpeto a orienta para outra — ficar em casa sozinha. Que ação deve conduzir Lisa na direção que deseja: agir segundo seu impulso ou agir de acordo com seus valores?

É claro que seria diferente se Lisa *realmente valorizasse* ficar em casa — se, por exemplo, quisesse adiantar os estudos. Se fosse o caso, ficar em casa sozinha *conduziria* sua vida na direção certa para ela, portanto faria sentido agir segundo o ímpeto.

O empurrão e o repuxo

Então, o que fazer quando um ímpeto nos empurra numa direção e nossos valores nos puxam para outra? Não queremos *lutar* contra o impulso porque será difícil nos concentrarmos numa ação eficaz. Portanto, em vez de tentar resistir a ele, controlá-lo ou suprimi-lo, a meta da TAC é *criar espaço*, oferecer-lhe tempo suficiente para gastar toda a sua energia — em outras palavras, praticar a *expansão*. Para isso, há uma técnica muito útil conhecida como Surfar o Ímpeto.

Já se sentou na praia para olhar as ondas? Percebeu seu movimento de ida e vinda? Uma onda começa bem pequena e cresce lentamente. Em seguida, adquire velocidade e cresce ainda mais. Continua crescendo e movendo-se para a frente até atingir um pico, a crista. Então, começa a cair. O mesmo acontece com os ímpetos. Eles começam pequenos e vão aumentando progressivamente.

Muitas e muitas vezes lutamos contra nossos ímpetos: eis porque falamos em resistir. Ao surfar o ímpeto, contudo, não tentamos *resistir*, mas abrimos espaço. Se a onda tiver espaço suficiente, vai atingir a crista e começar a baixar, inofensivamente. Mas o que acontece quando encontra resistência? Nunca viu uma onda *arrebentar* na praia ou *quebrar* contra um penhasco? É estrondosa, desordenada e potencialmente destrutiva.

Portanto, Surfar o Ímpeto é uma técnica simples mas eficaz, na qual tratamos nossos ímpetos como se fossem ondas e os surfamos até que se dissipem. O termo foi cunhado na década de 1980 pelos psicólogos Alan Marlatt e Judith Gordon como parte de seu trabalho pioneiro com o vício em drogas. Os mesmos princípios usados com os impulsos para o uso de drogas podem ser aplicados a *qualquer* impulso: seja o de ficar na cama até tarde, abandonar um curso, evitar um desafio ou berrar com alguém que amamos.

SURFANDO O ÍMPETO, PASSO A PASSO

Tudo o que precisa fazer para surfar o ímpeto é:

1. Observe-o; repare onde está no seu corpo.
2. Reconheça: "Estou com o ímpeto de... X, Y, Z."
3. Respire por dentro dele e abra-lhe espaço. Não tente suprimi-lo ou livrar-se dele.
4. Observe o ímpeto enquanto cresce, atinge a crista e, então, cai lentamente. Se a mente começar a contar histórias inúteis, agradeça. Em geral, é útil atribuir um valor ao ímpeto, numa escala de 1 a 10. Por exemplo, "estou com ímpeto de fumar no nível 7". Continue verificando o ímpeto, repare se aumenta, se está no auge ou se já diminuiu.

   Lembre-se: não importa o tamanho que o ímpeto atinja, você tem espaço para ele. E, se lhe oferecer espaço suficiente, mais cedo ou mais tarde ele vai chegar à crista e depois baixar. Portanto, observe-o, respire por ele, crie espaço e deixe estar.
5. Observe-o à luz dos seus valores. Pergunte-se o que pode fazer de imediato para melhorar sua vida que não seja resistir nem lutar? Seja qual for a resposta, vá em frente e faça!

Em outras palavras, para administrar eficazmente seus ímpetos, você precisa agir:

T = Tome medidas eficazes.
A = Aceite seus pensamentos e sentimentos.
C = Conecte-se aos seus valores.

Uma simples questão de equilíbrio

Experimentamos ímpetos o dia todo, todos os dias de nossas vidas e, na maior parte do tempo, não é tão difícil agir apropriadamente. Na TAC, só nos preocupamos com ímpetos que impeçam uma vida significativa. Por exemplo, eu cedo aos meus ímpetos em relação ao chocolate regularmente, mas isso não constitui um problema para mim. Se eu o fizesse *o tempo todo*, estaria do tamanho de um elefante, o que não seria coerente com meus valores. Por outro lado, se eu *jamais* cedesse, estaria me privando de um prazer simples e gratificante.

A questão é que você precisa encontrar um equilíbrio. Não crie expectativas ridículas, decidindo *nunca mais* ceder a ímpetos autodestrutivos. *É claro* que vai — você é humano. Vai se dar mal repetidas vezes pela vida afora. Porém, eis o segredo: no momento em que perceber o que está fazendo, você tem a chance de fazer algo que seja mais eficaz. Com o passar do tempo, ficará cada vez melhor em perceber cada vez mais cedo.

Embora surfar o ímpeto seja útil, requer prática, como qualquer outra habilidade. Olha só, você sabia que esse momento chegaria: a melhor forma de praticar é se colocar numa situação em que provavelmente você se sentirá confrontado com ímpetos perturbadores. Não escolha, porém, *qualquer* situação desafiadora; escolha uma que impulsione sua vida.

Na próxima semana, escolha duas ou três situações difíceis que ocorram naturalmente quando você encaminha sua vida na direção desejada. Podem ser quaisquer situações: algum exercício físico, uma aula ou algo novo no trabalho. Uma vez nessas situações, repare nos seus impulsos, surfe-os e permaneça totalmente engajado no que está fazendo.

É claro que permanecer envolvido pode ser complicado, em particular quando o eu pensante começa a tagarelar. Por isso, nos próximos capítulos, vamos examinar um processo chamado "conexão", que diz respeito ao engajamento com a nossa própria experiência. Mas, antes disso, temos que fazer uma visitinha àqueles demônios no barco...

Capítulo 16
DE VOLTA AOS DEMÔNIOS

Estamos nós aqui de volta ao barco com aqueles demônios assustadores. Felizmente, porém, agora você começa a vê-los como de fato são, a fazer as pazes com eles e, portanto, está livre para levar o barco até onde quiser.

Naturalmente, às vezes os demônios vão desviá-lo do curso. Por que "naturalmente"? Porque você é um ser humano normal: não é santo, nem guru, tampouco herói. No entanto, o animador é que, no momento em que compreender que o barco está indo na direção errada, você pode mudar o curso imediatamente. Só é preciso consciência.

É claro que você pode estar bem distante da costa quando isso acontecer. De fato, muitas vezes esse é o pensamento exato que ocorre aos demônios: "Estou tão longe de alcançar o que quero, que sentido há em tentar?" Bem, a questão é que, quando você retomar o rumo da costa, estará indo na direção que deseja, e isso compensa muito mais do que ficar à deriva!

SEUS DEMÔNIOS, DE PERTO

No capítulo 9, você listou seus principais demônios. Agora é o momento de acrescentar sentimentos a essa lista. O primeiro passo é ler todas as perguntas a seguir, notando que pensamentos e sentimentos são automaticamente lembrados.

- Que principais mudanças faria em sua vida se pensamentos e sentimentos difíceis não fossem mais obstáculos?
- Que projetos ou atividades começaria ou continuaria se seu tempo não fosse consumido por emoções perturbadoras?
- O que faria se o medo não fosse mais um problema?
- Se os pensamentos e os sentimentos difíceis não fossem mais obstáculos...
  - ⇨ que relacionamentos você construiria e com quem?
  - ⇨ o que procuraria melhorar na sua saúde e no seu condicionamento físico?
  - ⇨ que mudanças faria no trabalho?

Ao ler a lista, provavelmente você já percebeu uma série de pensamentos e sentimentos desagradáveis. Se os estiver vivenciando neste exato momento, apenas com a leitura das perguntas, posso então assegurar que vão confrontá-lo mais tarde, ao nos concentrarmos na ação. Por isso, reserve alguns minutos para escrever respostas às perguntas abaixo (ou, pelo menos, pense nelas por alguns minutos):

- Que demônios você supõe que vão subir ao deque quando for na direção desejada?
- Que sentimentos e sensações podem virar obstáculos?
- Que pensamentos e imagens podem virar obstáculos?

O próximo passo é arranjar tempo para praticar a desfusão e/ou a expansão com estes demônios. Das atividades que valoriza, quais pode realizar nos próximos dias que lhe darão a chance de encarar os demônios, vê-los como são e fazer as pazes com eles? Estabeleça algumas metas: especifique tempo, lugar e atividade. A seguir, envolva-se inteiramente nela.

Se encontrar dificuldade, não desanime. Nos próximos capítulos, vai aprender outra habilidade que fará uma diferença tremenda.

Capítulo 17
A MÁQUINA DO TEMPO

"Onde você está?", perguntou minha mulher, me pegando de surpresa. Estávamos jantando em um restaurante japonês, e por alguns minutos eu havia parado de ouvir o que ela dizia. Ou, para ser mais preciso, eu a escutara, mas não estava consciente. A pergunta dela foi apropriada porque, embora eu estivesse fisicamente presente, minha mente estava a quilômetros de distância. Fora "arrastado" por pensamentos sobre uma questão familiar.

Todos já passamos por isso. Numa conversa, concordamos e ouvimos sem prestar a menor atenção, por estarmos "fora de órbita", pensando sobre o que vamos fazer mais tarde ou remoendo o passado. Muitas vezes conseguimos contornar isso, mas às vezes somos pegos, para nosso grande constrangimento.

O eu pensante funciona continuamente — afinal, é o trabalho dele. Entretanto, com frequência tais pensamentos nos distraem de onde estamos ou do que estamos fazendo. Nunca pegou o carro e chegou ao destino sem uma lembrança real do trajeto? Ou pensava saber aonde deveria ir e acabou chegando ao lugar errado? Tudo porque sua atenção não estava na estrada, mas na atividade do eu pensante, sonhando acordado, planejando, se preocupando, resolvendo problemas, relembrando, fantasiando, e assim por diante. É assim que nos comportamos a maior parte do tempo.

Nunca perguntaram a você o que fez hoje sem que conseguisse se lembrar? Nunca se pegou comendo sem nem perceber o que era? Ou leu uma página inteira de um livro para depois perceber que não guardou uma única palavra?

Afirmamos estar "perdidos em pensamentos", "distraídos" ou "preocupados" — todas expressões para dizer que nossa atenção está presa em nossa mente e não naquilo que estamos fazendo. Ou seja, o eu observador é distraído pelo eu pensante.

Este é semelhante a uma máquina do tempo: nos leva do futuro ao passado. Passamos bastante tempo nos preocupando, planejando, sonhando com o futuro, e muito tempo remoendo o passado — o que faz sentido, em termos de evolução. O mecanismo de sobrevivência precisa planejar à frente e prever problemas. Precisa, também, refletir para aprender com o passado. No entanto, mesmo quando a mente está no aqui e agora, em geral julga e critica, lutando contra a realidade. Essa atividade mental constante é uma distração enorme. Diariamente, em grande parte do tempo, o eu pensante desvia por completo nossa atenção do que estamos fazendo.

Suponha que esteja tentando conversar com alguém e dirija a maior parte da sua atenção para pensamentos como "ele me acha chato" ou "preciso calcular meu imposto de renda". Quanto mais atenção der a esses pensamentos, menos envolvido estará na conversa. O mesmo vale para qualquer atividade, seja futebol ou sexo: quanto mais envolvido estiver em pensamentos, menos estará na atividade em questão.

É claro que algumas atividades exigem pensamento criativo ou construtivo como parte do processo — jogar xadrez, por exemplo, ou fazer palavras cruzadas. Ainda assim, os pensamentos podem desviá-lo. Se estiver jogando xadrez e analisando cuidadosamente todas as suas jogadas, tudo bem, são pensamentos que o mantêm no jogo. Porém, se começar a ter pensamentos de derrota ou sobre o novo filme do Spielberg, sairá do jogo.

Por outro lado, obviamente há ocasiões em que estar absorvido pelos pensamentos é exatamente o que se deve fazer — por exemplo, se você está colhendo ideias para uma nova campanha publicitária, ensaiando mentalmente um discurso, planejando um projeto importante ou apenas fazendo passatempos. No entanto, em grande parte do tempo, estamos tão absorvidos em pensamentos que não nos aproveitamos inteiramente na vida, nem mantemos contato com o mundo maravilhoso à nossa volta.

O que é conexão?

Conexão é estar totalmente consciente da experiência presente, completamente ligado ao momento. Ao praticar a conexão, deixamos o passado ou o futuro para voltarmos ao presente — aqui mesmo, agora mesmo. Por quê? São três as razões principais:

1. Esta é a sua única vida, portanto, viva o melhor possível. Se estiver apenas meio presente, está perdendo a metade. É como assistir a seu filme preferido de óculos escuros ou ouvir sua música favorita com protetores de ouvido. Para apreciar de verdade a riqueza e a totalidade da vida, você precisa estar aqui enquanto ela acontece!
2. Citando o grande romancista Tolstói: "Só um tempo importa: o *agora*. É o tempo mais importante por ser o único sobre o qual temos algum poder." Para criar uma vida significativa, precisamos agir. O poder de agir existe apenas nesse momento. O passado já aconteceu e o futuro ainda não chegou, só temos como agir aqui e agora.
3. Agir não significa empreender qualquer ação conhecida. Precisa ser uma ação eficaz, que nos ajude a pros-

seguir na direção desejada. Para agir com eficácia, precisamos estar psicologicamente presentes. Precisamos estar conscientes do que acontece, de como reagimos e de como queremos responder.

Portanto, agora precisamos acrescentar três palavras ao A da TAC:

T = Tome medidas eficazes.
A = Aceite seus pensamentos e sentimentos *e esteja presente*.
C = Conecte-se aos seus valores.

A conexão é acordar, perceber o que está acontecendo, se engajar no mundo e apreciar a totalidade de cada momento da existência. Você já fez isso muitas vezes. Talvez, em um passeio por uma cidade do interior, tenha apreciado o visual dos campos, a vida agreste, as árvores e as flores, o toque suave da brisa de verão e o canto dos pássaros. Durante uma conversa íntima com alguém que ama, pode ter ouvido cada palavra dita, olhado fundo nos seus olhos e sentido a intensa proximidade entre vocês. Ou, ao brincar com uma criança ou um animal de estimação, se sentiu tão envolvido na diversão que o mundo parecia não existir.

Conforme os exemplos acima sugerem, a conexão costuma acontecer espontaneamente em situações prazerosas ou estimulantes. Infelizmente, não dura muito tempo. Mais cedo ou mais tarde, o eu pensante dá as caras, e seus comentários, julgamentos e histórias nos tiram da experiência. Em todas aquelas situações conhecidas, rotineiras ou desagradáveis que são parte expressiva até da vida mais privilegiada, a conexão é mínima.

A conexão e o eu observador

A conexão acontece por meio do eu observador. Significa focar totalmente nossa atenção no que está acontecendo agora, sem se deixar distrair ou influenciar pelo eu pensante. O eu observador, por natureza, não julga. Não pode julgar, porque julgamentos são pensamentos e, portanto, um produto do eu pensante. O eu observador não luta contra a realidade; ele vê as coisas como são, sem resistir. A resistência só acontece quando nos fundimos aos nossos julgamentos.

O eu pensante diz que as coisas não são como deveriam ser, que não somos quem deveríamos ser, que a realidade está errada e nossas ideias estão certas. Afirma, ainda, que a vida seria melhor em outro lugar, seríamos mais felizes se fôssemos diferentes. Assim, o eu pensante funciona como óculos de segurança que embaçam e escurecem nossa visão do mundo, desligando-nos da realidade por força do tédio, da distração ou da resistência.

O eu observador, no entanto, é incapaz de se entediar. Ele registra tudo o que vê, com abertura e interesse. Só o eu pensante se entedia, contando a história de que a vida seria mais interessante se estivéssemos fazendo algo diferente. O eu pensante se cansa facilmente por pensar que já sabe de tudo. Já esteve ali, já fez aquilo, já viu aquele programa. Seja caminhando pela rua, dirigindo para o trabalho, fazendo uma refeição, batendo papo ou tomando banho, tudo o eu pensante já sabe de cor. Afinal, já o fez incontáveis vezes. Portanto, em vez de manter a conexão com a realidade, ele nos arrasta para lugares e tempos diferentes. Assim, quando o eu pensante comanda o espetáculo, passamos o tempo apenas parcialmente acordados, muito pouco conscientes da riqueza do mundo.

A boa notícia é que o eu observador está sempre presente e disponível. Por ele podemos nos conectar com a vasta extensão, amplitude e profundidade da experiência humana, não importa se a experiência é nova e estimulante ou familiar e desconfortável. O fascinante é que, quando em uma atitude de abertura e interesse, dirigimos nossa atenção para uma experiência desagradável, aquilo que antes temíamos parece muito menos perturbador. Da mesma forma, ao nos conectarmos de verdade até com a experiência mais familiar, a enxergamos sob um novo prisma. Tente fazer o exercício a seguir e verá por si mesmo.

CONECTANDO-SE COM ESTE LIVRO

Neste exercício, a meta é dirigir um olhar diferente ao livro que você tem em mãos, vê-lo com outros olhos. Imagine-se um cientista curioso, que nunca viu um objeto como este antes. Pegue o livro, sinta seu peso, mexa na capa. Passe os dedos por uma folha e sinta sua textura. Traga o livro aberto até o nariz e sinta o cheiro do papel. Vire lentamente algumas páginas e perceba o som que fazem. Olhe para a capa. Perceba como a luz reflete sobre ela. Abra numa página qualquer e repare no espaço em branco em volta do texto.

• • • • •

O que achou? Você está lendo este livro já há algum tempo e até agora provavelmente percebeu tudo isso de forma mecânica. E o mesmo é verdadeiro para quase todos os aspectos da vida. Nos próximos capítulos, nós nos concentraremos em diferentes aspectos da conexão, especialmente em como empregá-la nas experiências dolorosas. Até o final do capítulo, porém, vamos nos concentrar apenas em acordar: em conectar-se com o mundo e reconectar sempre que percebermos ter perdido a conexão.

Alguns exercícios simples de conexão

Em cada exercício a seguir, pedimos que se conecte a experiências, como os sons do ambiente ou os sentimentos do seu corpo. Quando perceber distrações, sob forma de pensamentos e sentimentos:

- Deixe que esses pensamentos e sentimentos venham e vão, e permaneça conectado.

- Quando a atenção divagar (e isso vai acontecer, eu garanto), no momento em que se der conta, reconheça-o.
- Agradeça e, em seguida, conduza a atenção de volta ao exercício.

Seguem-se quatro exercícios curtos, cada um de apenas trinta segundos, portanto não há desculpa para não fazê-los. São dois minutos no total!

CONEXÃO COM O AMBIENTE

Assim que acabar de ler este parágrafo, deixe o livro de lado e observe ao seu redor. Perceba o melhor possível tudo que consegue ver, ouvir, tocar, degustar e cheirar. Qual é a temperatura ambiente? O ar está parado ou não? Que luz há no local e de onde ela vem? Perceba ao menos cinco sons distintos, pelo menos cinco objetos e no mínimo cinco detalhes que possa perceber tocando o seu corpo, como o ar no seu rosto ou os sapatos nos pés. Deixe o livro de lado e faça isso por trinta segundos. Repare no que acontece.

CONSCIÊNCIA CORPORAL

Enquanto lê este parágrafo, conecte-se com seu corpo. Repare em onde estão suas pernas e braços e na posição da sua coluna. Faça um rastreamento do corpo, da cabeça aos pés; perceba as sensações na cabeça, no peito, nos braços, na barriga e nas pernas. Deixe o livro de lado, feche os olhos e faça o exercício por trinta segundos. Repare no que acontece.

CONSCIÊNCIA DA RESPIRAÇÃO

Ao ler estas linhas, conecte-se com sua respiração. Perceba a subida e a descida de sua caixa torácica e o ar que entra e sai pelas narinas. Siga esse ar através do nariz. Repare em como os pulmões se expandem. Sinta o abdômen se projetando para a frente. Acompanhe o ar sendo expirado e os pulmões se esvaziando. Deixe o livro de lado, feche os olhos e faça isso por trinta segundos. Repare no que acontece.

CONSCIÊNCIA DOS SONS

Neste exercício, concentre-se apenas nos sons que consegue ouvir. Perceba os sons que vêm de você, da sua respiração e dos seus movimentos, os sons que vêm da sala e de fora dela. Deixe o livro de lado, feche os olhos e faça o exercício por trinta segundos. Repare no que acontece.

• • • • •

Então, o que notou? Esperamos que dois aspectos: primeiro, você está sempre no meio de um festival de sensações, só que em geral não se dá conta. Segundo, é muito fácil se distrair com pensamentos e sentimentos. Para melhorar sua capacidade de concentração e perceber o que acontece à sua volta, pratique os dois exercícios seguintes diariamente.

REPARE EM CINCO COISAS

Este é um exercício simples que o manterá centrado e conectado ao ambiente. Pratique-o várias vezes por dia.

1. Pare por um momento.
2. Olhe em volta e repare em cinco objetos que esteja vendo.
3. Escute atentamente e repare em cinco sons que possa ouvir.
4. Repare em cinco sensações ao tocar seu corpo.

Você pode desenvolver ainda mais essa habilidade saindo para dar uma caminhada diária e reparar no que pode ver, ouvir, cheirar e sentir.

CONECTANDO-SE À ROTINA MATINAL

Escolha uma atividade que seja parte da sua rotina matinal diária, como escovar os dentes, pentear o cabelo ou tomar banho. Concentre-se totalmente no que está fazendo, usando todos os cinco sentidos. Por exemplo, no chuveiro, repare nos diferentes sons que a água faz, quando esguicha, ao cair sobre seu corpo, ao escoar pelo ralo. Sinta a água escorrendo pelas costas e pelas pernas. Perceba o perfume do xampu e do sabonete. Observe as nuvens de vapor subindo.

Quando surgirem pensamentos e sentimentos, reconheça sua presença, deixe-os ficar e volte a se concentrar no chuveiro. Tão logo perceba que sua atenção se desviou, agradeça à mente e concentre-se de novo no chuveiro.

Iniciantes, pratiquem cada dia a conexão com uma parte diferente da rotina matinal. À medida que sua capacidade se desenvolver, estenda-a a outras partes.

Nos três capítulos seguintes, veremos como as habilidades de conexão nos ajudam com experiências de vida dolorosas. Por ora, pratique ver o mundo com outros olhos. Sempre que se der conta de que a máquina do tempo o arrastou, volte para o presente.

Capítulo 18
O CÃO IMUNDO

No dia em que completou 33 anos, a melhor amiga de Soula organizou uma festa surpresa para ela num café da região. A princípio, Soula ficou encantada, animada com o fato de a sua família e os amigos mais próximos terem se reunido para homenageá-la. Porém, à medida que a noite passava, ela foi ficando triste e solitária. Ao olhar em volta, ouviu do eu pensante que estava "solteira e sozinha". "Veja todos os seus amigos. Todos em relacionamentos estáveis ou casados e com filhos, e você nem namorado tem! Pelo amor de Deus, 33! O tempo está indo embora... Daqui a pouco vai estar velha demais para ter filhos... Veja todo mundo se divertindo... Não sabem o que é voltar para um apartamento vazio toda noite... Festejar o quê? Tudo o que você tem pela frente é uma velhice solitária e infeliz."

Assim prosseguia a Rádio Ruína e Trevas, em alto e bom som. Quanto mais Soula sintonizava, mais se desligava da festa. Mal provou da comida, não prestou atenção nas conversas. Desconectou-se do carinho, da alegria e do amor à sua volta.

Claro que Soula era mesmo solteira, estava de fato ficando mais velha e a maioria dos seus amigos realmente estava em relacionamentos estáveis. Lembre-se, porém, da pergunta-chave: há utilidade em pensar assim? Obviamente não há, e também esse não foi um episódio isolado. Havia quase um ano, a mesma história tinha se tornado uma fonte de grande tristeza para Soula, deixando-a cada vez mais deprimida.

Lamentavelmente, cenários assim são muito comuns. Quanto mais nos concentramos em pensamentos e sentimentos desagradáveis, mais nos desconectamos do presente — o que é comum na ansiedade e na depressão. Na ansiedade, você tende a ser fisgado por histórias sobre o futuro, por coisas que podem dar errado e pela certeza de que vai lidar mal com elas. Na depressão, a tendência é se deixar levar por histórias do passado, coisas que deram errado e o mal que lhe causaram. O eu pensante, então, usa essa história para convencê-lo de que o futuro vai ser igual. São histórias muito convincentes, e estamos sempre prontos para dedicar-lhes toda a nossa atenção.

Não é surpresa alguma, portanto, que um sintoma comum da depressão seja a anedonia, a incapacidade de sentir prazer com atividades antes prazerosas. Afinal, é difícil gostar do que se está fazendo sem estar conectado àquilo. O contrário, porém, também é verdade: quanto mais conectado estiver a determinada atividade, mais gratificante ela será. Assim, a conexão é uma habilidade importante para aproveitar o melhor da vida. Soula praticou, desenvolveu as habilidades de conexão e começou a apreciar o que tinha de bom, em vez de se concentrar sempre no que faltava. Como resultado, a depressão rapidamente foi embora. No entanto, não gostaria que pensasse que sua vida mudou da noite para o dia. Aquele foi só o início da jornada de Soula. Voltaremos a ela mais tarde.

Conexão com experiências agradáveis

Para apreciar a conexão, pratique-a com pelo menos uma atividade prazerosa por dia. Assegure-se de que seja uma atividade estimulada por valores, não pela fuga ou rejeição — ou seja, é algo que você faz porque é importante, significativo e valorizado, e não apenas uma tentativa de evitar "maus sentimentos". A atividade não precisa ser nada demais. Pode ser simples como fazer uma refeição ou um carinho no gato, passear com o cachorro, ouvir os pássaros, paparicar os filhos, tomar sol ou ouvir boa música.

Ao fazer isso, aja como se fosse a primeira vez. Preste atenção no que pode ver, ouvir, cheirar, tocar e provar. Saboreie cada momento e, quando se sentir desconectado, agradeça à mente e volte ao que fazia.

Se é difícil se conectar completamente com eventos agradáveis, é natural que conseguíssemos com facilidade nos desconectar dos desagradáveis. Sempre que nos defrontamos com um acontecimento desagradável, fazemos o melhor possível para nos livrar dele. Mas e se essa não for a melhor opção? E se a situação desagradável for necessária para que melhoremos nossa vida?

Por exemplo, para manter uma boa saúde, em algum instante você pode precisar de uma cirurgia, de um tratamento dentário, ou praticar, como rotina, algum tipo de alongamento desconfortável. Para preservar a saúde financeira, a maioria das pessoas tem um orçamento e mantém um registro contábil. Se queremos morar numa casa limpa, temos que realizar uma série de afazeres domésticos desagradáveis, e se quisermos um emprego melhor, provavelmente participaremos de entrevistas estressantes.

Por que a conexão é útil nessas situações? Primeiro, porque nos ajuda a desligar o botão de briga. Quanto mais lutamos contra situações desagradáveis, mais pensamentos e sentimentos desagradáveis teremos. Naturalmente, isso só piora tudo. Em segundo lugar, se prestamos mesmo atenção e deixamos de lado a ladainha do eu pensante, descobrimos que esses eventos não são tão ruins. É provável que você já tenha passado por isso na expansão: quando observamos sentimentos desagradáveis com interesse e abertura, não são nem de longe tão ruins quanto pareciam. Estou detectando um quê de ceticismo? Então vou lhe falar sobre...

O banho que dei no meu cão imundo

Há pouco tempo, levei meu cachorro para passear no parque, e ele saiu mexendo em um pássaro morto. Ele adora agir de forma lamentável... Momentos depois ele estava fedendo, e eu não tive escolha a não ser dar banho nele. Eu tinha vários assuntos importantes dos quais tratar e me frustrei por perder meu tempo em uma tarefa tão desagradável. Minha mente julgava sem parar: "Cachorro idiota! Por que teve de escolher justo hoje para fazer isso? Eca! Que cheiro nojento!" Eu ficava cada vez mais tenso e irritado. Contudo, à medida que enchia a banheira de água morna, me dei conta de que meu botão de briga estava ligado, e fiz a escolha consciente de reagir diferente.

O fato era que ninguém mais daria banho no cachorro, e eu não queria deixá-lo imundo daquele jeito. Sabia que levaria cerca de meia hora, então percebi que tinha uma escolha: poderia passar aquele tempo estressado e irritado, desconectado da experiência, me pressionando para terminar o mais rápido possível, pensando em tudo que teria de fazer depois, ou poderia me conectar à experiência e tirar o melhor proveito dela. Qualquer que fosse a escolha, ainda levaria meia hora.

Como você aproveita ao máximo um banho num cachorro imundo? Esteja presente e envolvido no que está acontecendo, sem julgar. À medida que inalei o terrível odor, criei espaço para sentimentos de desgosto e irritação. Permiti que sentimentos inúteis circulassem livremente e me concentrei na conexão com os cinco sentidos. Senti a água morna nas mãos e as reações do cachorro enquanto falava calmamente com ele. Concentrei-me com interesse e abertura no contato com o pelo molhado, no cheiro do xampu, na cor da água. O espirrar da água, o movimento dos meus braços, o movimento do cachorro, o movimento da água.

Estaria mentindo se dissesse que gostei da experiência. Entretanto, ela foi bem mais rica do que em ocasiões anteriores de total desconexão. E, como recompensa, foi bem menos estressante para ambos. No entanto, como sempre, você deve confiar na sua experiência pessoal e não no que digo. Pratique a conexão com tarefas desagradáveis, entediantes ou indesejáveis, e repare no que acontece. Certifique-se de que sejam tarefas que valorize, que sirvam para melhorar sua vida. A seguir, alguns exercícios para ajudá-lo a se conectar com atividades rotineiras.

CONEXÃO COM UMA OBRIGAÇÃO ÚTIL

Escolha uma obrigação que você rejeite, mas que sabe ser útil a longo prazo. Pode ser passar roupa, lavar louça ou o carro, preparar uma refeição saudável, dar banho nas crianças, engraxar seus sapatos — qualquer tarefa que você antes evitaria. Então, cada vez que a fizer, pratique a conexão. Não crie expectativas, apenas repare. Por exemplo, se está passando roupa, repare na cor e no formato de cada peça. Perceba o padrão criado pelas marcas do tecido e seus sombreados. Atente para a estampa mudando à medida que o amarrotado desaparece. Repare no chiado do vapor, no estalido da tábua de passar, no ruído do deslizar do ferro. Observe a mão que segura o ferro, no movimento do braço e do ombro.

Caso se perceba entediado ou frustrado, crie um espaço para esses estados e volte sua concentração ao que estava fazendo. Quando pensamentos surgirem, permita que venham, e volte ao que fazia. No momento em que se der conta da distração, e ela vai acontecer, repetidas vezes, agradeça à mente, perceba o que o distraiu e volte sua atenção para o que fazia.

CONEXÃO COM UMA TAREFA QUE VOCÊ TEM EVITADO

Escolha uma tarefa que venha adiando. Reserve vinte minutos para ela todo dia. Nesse tempo, concentre-se inteiramente na experiência. Conecte-se com ela de forma total, enquanto cria espaço para os sentimentos e desfunde os pensamentos. Após vinte minutos, sinta-se livre para continuar ou parar.

• • • • •

Praticar a conexão é como fazer musculação. Quanto mais praticamos, mais força adquirimos. Muitos deixam de fazer mudanças importantes — que poderiam melhorar a vida de modo significativo — por não estarem dispostos a aceitar o desconforto. Por exemplo, você pode evitar escolher uma nova carreira por não querer passar pelo desconforto de começar do zero. Ou pode evitar convidar alguém para sair fugindo do risco da rejeição. Quanto mais aprender a se conectar, a desfundir e a expandir, menos poder seus desconfortos terão. Portanto, tenha por meta fazer a conexão duas ou três vezes ao dia, tanto com uma ação valorizada e prazerosa quanto com uma ação não valorizada e desconfortável. No final das contas, a recompensa valerá a pena.

Capítulo 19

PALAVRAS QUE CONFUNDEM

É hora de um pequeno desvio. Neste capítulo, examinaremos semelhanças e diferenças entre a TAC e outras abordagens do sofrimento humano. Entretanto, é preciso, primeiro, introduzir e definir uma nova expressão: "atenção plena". Diversos livros apresentam definições diferentes para a "atenção plena", dependendo do seu conteúdo. A definição apresentada por um livro religioso ou espiritualista será bem diferente da de um livro sobre psicologia do esporte ou liderança eficaz. Aqui vai a minha definição: "atenção plena" significa trazer intencionalmente a consciência para a experiência do aqui e agora, com abertura, receptividade e interesse.

Esta definição tem várias implicações. Primeiro, a atenção plena é um processo consciente, deliberado. Segundo, não é um processo do pensamento, mas da consciência. Terceiro, envolve trazer nossa consciência para o momento presente, ou, em outras palavras, para o aqui e agora. Quarto, é uma atitude específica, de abertura, interesse e receptividade à experiência, e não de luta, resistência e fuga.

Na prática da atenção plena, nos conectamos diretamente com o mundo, em vez de sermos presos por nossos pensamentos. Permitimos que julgamentos, queixas e críticas transitem, e nos envolvemos inteiramente com o momento.

Quando temos atenção plena, podemos criar espaço para os sentimentos e deixamos que aconteçam. Ao atentarmos para nossa experiência presente, nos conectamos profundamente a ela. Assim, a desfusão, a expansão e a conexão são todas habilidades da atenção plena.

Portanto, a TAC é uma terapia baseada na atenção plena, e o objetivo deste capítulo é destacar as diferenças relevantes entre ela e outras abordagens nela baseadas.

A TAC é ação

A TAC está fundamentada na tradição da psicologia comportamental, um ramo da ciência que procura compreender, prever e influenciar o comportamento humano. Um conceito importante da TAC é a ideia de "funcionalidade", conceito ao qual venho me referindo ao longo do livro, sem nomear até agora. A funcionalidade de qualquer comportamento específico é a sua eficácia para criar uma vida rica e significativa. Na TAC, aprendemos habilidades de atenção plena que nos levam a agir para melhorar a vida. Não praticamos a atenção plena para alcançar algum estado místico ou entrar em contato com uma verdade superior. Seja qual for o contexto, se a desfusão, a expansão e a conexão puderem ajudá-lo a agir com eficácia, sua prática fará sentido. Inversamente, se essas habilidades não ajudarem, não as utilize. O ponto básico é sempre o mesmo: isso vai me ajudar a criar a vida que desejo?

A TAC não é uma religião nem um sistema de crença espiritual

Muitos conceitos da TAC se assemelham aos de várias religiões, especialmente a ideia de viver de acordo com seus valores. Entretanto, enquanto a maior parte das religiões prescreve um conjunto de valores preestabelecidos, a TAC pede que você defina e se conecte aos próprios valores. Além disso, ela não estimula a adoção de qualquer sistema de crença específico. Por isso o frequente conselho que dou ao longo do livro: "Não creia em algo apenas porque estou dizendo — confie na sua experiência pessoal." A TAC parte do princípio de que, se suas crenças funcionam para enriquecer a vida, isso é o que importa.

A TAC não é meditação

Muitos dos exercícios da TAC têm um quê de meditação, especialmente aqueles que envolvem o foco na respiração. No entanto, conforme a psicóloga Kelly Wilson afirma, "se deseja aprender a meditar, procure um guru".

A TAC nada tem a ver com meditação. Não há uma postura especial, nenhum mantra secreto, rosários, incenso ou velas. A TAC é a aplicação prática das habilidades da atenção plena, com o objetivo claro de realizar mudanças importantes. Apenas isso.

A TAC não é um caminho para a iluminação

Há muitos livros espirituais ou da New Age sobre iluminação, todos enfatizando principalmente a vida no momento presente. A TAC está completamente fora desse segmento, pois visa criar uma vida, e não tornar-se "iluminado".

É interessante que muitos desses livros alimentem diretamente a armadilha da felicidade, prometendo ao leitor uma "existência sem dor, vivida no presente". Embora muitos ensinem bem os conceitos da atenção plena, qualquer busca por uma "existência sem dor" estará fadada ao fracasso. Quanto mais tentamos evitar a realidade básica de que a vida humana acarreta dor, mais propensos estaremos a lutar quando ela inevitavelmente surgir, gerando assim mais sofrimento. Em contraste com esses livros, a TAC tem como meta ajudá-lo a criar uma vida rica, plena e significativa, aceitando a dor inevitável.

Portanto, a TAC não é um caminho religioso, místico ou espiritual, embora guarde com eles as suas semelhanças. A TAC é um programa cientificamente fundamentado para criar uma vida significativa, mediante a aceitação de nossa experiência interna, permanecendo no presente e agindo segundo valores. A funcionalidade é sempre o fator decisivo. Portanto, se qualquer técnica neste livro ajudar você a criar a vida que deseja, não hesite em usá-la. Por outro lado, não acredite em nada só porque leu: sua experiência pessoal prevalece sobre qualquer conselho, de quem quer que seja.

E aqui finalizamos nosso desvio. De volta à estrada, é hora de continuar a viagem. No próximo capítulo, vamos analisar mais de perto a conexão, observando as várias e surpreendentes formas pelas quais ela pode ajudá-lo a superar os obstáculos da vida.

Capítulo 20
SE RESPIRA, ESTÁ VIVO

"É como um pesadelo. Sinto que algo terrível está prestes a acontecer. Primeiro, fico zonza e completamente tonta e não consigo pensar com clareza. Depois meu coração começa a bater feito louco e me vem a certeza de que vou desmaiar ou ter um ataque cardíaco. Então, saio para respirar um pouco, mas não consigo. É como se estivesse sufocada."

Esta é Rachel, a secretária que você conheceu no capítulo 11, descrevendo um de seus ataques de pânico. Durante uma crise, muitos têm sintomas como coração acelerado, aperto no peito, delírio, mãos e pés formigantes, medo de desmaiar, morrer ou enlouquecer e sensação de não conseguir respirar.

Conforme discutido naquele capítulo, grande parte do problema está no botão de briga. Entretanto, outra grande parte está na "hiperventilação", termo técnico para a respiração rápida e superficial. Sempre que nos sentimos estressados, aborrecidos, zangados ou ansiosos, a velocidade da respiração aumenta. É parte do instinto de lutar ou fugir visto no capítulo 10: o ritmo acelerado da respiração acarreta um aumento de oxigênio no sangue, que ajuda na preparação para a briga ou para a fuga. Entretanto, isso altera os níveis dos gases na corrente sanguínea, provocando um desequilíbrio químico no corpo. O desequilíbrio, por sua vez, dispara uma série de alterações físicas, dentre elas o aumento dos batimentos cardíacos, da pressão sanguínea e da tensão muscular.

Por isso recomendo a prática da respiração lenta e profunda em cada exercício contido no livro. Ao respirar lentamente quando se sente estressado, você baixa o nível de tensão no corpo, o que não o livra de emoções desagradáveis nem as descarta, mas o ajuda a lidar com elas. Além disso, sua respiração pode ser uma aliada importante, uma âncora para mantê-lo firme em meio a tempestades emocionais. Portanto, a respiração lenta e profunda é útil para todos, sempre que nos sentirmos estressados. É particularmente importante quando sentimos que não podemos respirar direito.

Ao se sentir muito estressado, com o peito apertado e falta de ar, é provável que este seja o problema: *você está respirando tão rápido que não dá chance aos pulmões para se esvaziarem!* Se não esvaziar os pulmões, não vai respirar direito, pois está tentando empurrar mais ar para dentro de um espaço já ocupado. Assim, o primeiro a fazer é expirar — exalar total e completamente o oxigênio, esvaziando os pulmões o máximo possível. Depois você consegue tentar a inspiração completa. Quanto mais lentas forem essas inspirações, melhor, porque estará ajudando a reequilibrar a corrente sanguínea.

O único aspecto no qual se deve prestar atenção é qualquer tentativa de transformar a respiração numa estratégia de controle, ou seja, num meio de se livrar de emoções desagradáveis ou criar sensações de relaxamento. Como em todas as outras técnicas aqui apresentadas, o relaxamento virá como subproduto, talvez, mas não espere ou lute por ele, para não cair no círculo vicioso do controle.

O momento presente

A respiração é maravilhosa. Ela não apenas o mantém vivo, como também o lembra de que está vivo. Como se sente numa manhã iluminada, ao parar e inspirar o ar puro? Como se sente ao dar um profundo suspiro de alívio depois de algum acontecimento estressante? Sua respiração nunca para, o que faz dela a aliada perfeita da conexão.

Daqui a pouco vou pedir que faça seis respirações lentas e profundas e esvazie os pulmões ao máximo. Uma vez feito isso, não force a inspiração. Após uma expiração completa, inspire calmamente e os seus pulmões se encherão por si mesmos. Ao inspirar, notará que a barriga se projeta à frente. À medida que respirar, conecte-se com os movimentos do peito e do estômago. Repare no que sente enquanto eles sobem e descem. Perceba o ar entrando e saindo. Agora deixe o livro de lado e faça seis respirações lentas e profundas.

• • • • •

O que percebeu? Provavelmente uma das seguintes reações:

1. Alívio da tensão.
2. Sensação de conexão com o corpo.
3. Sensação de desaceleração.
4. Sensação de desapego.
5. Mente mais calma.
6. Tontura, desconforto ou dificuldade, por ter achado estranho ou difícil respirar assim.

É de se esperar que tenha vivenciado mais de uma dessas reações. Caso tenha experimentado a última, não se preocupe. Quanto mais estiver acostumado à respiração rápida e superficial, mais estranho ou difícil parecerá o exercício. Se o seu ritmo habitual de respiração é acelerado, *no início* as reações poderão ser de tontura e desconforto. Se esse for o seu caso, é de grande importância a prática constante. Se praticar de dez a vinte respirações assim, a cada hora ou por duas horas ao dia, em duas semanas sentirá o processo ficando mais natural e confortável.

Essa sintonia com a respiração pode ajudá-lo a desacelerar por alguns momentos, a se soltar e a se recompor. Mais importante ainda, pode ajudá-lo a se conectar com o que acontece aqui e agora. Para demonstrar isso, peço que repita o exercício, com uma pequena modificação. (Primeiro releia as instruções.)

Faça dez respirações, lentas e profundas. Nas primeiras cinco, concentre-se no peito e no abdômen; conecte-se com sua respiração. Nas outras cinco, amplie o foco, de modo que, enquanto consciente de sua respiração, fique também inteiramente conectado com o ambiente; ou seja, enquanto repara na respiração, perceba também aquilo que pode ver, ouvir, tocar, provar e cheirar. Pronto? Deixe o livro de lado e tente.

• • • • •

O que percebeu? A maioria afirma ter se sentido muito mais "presente" — mais conectado com o ambiente e com o que estava fazendo. A ideia do exercício, que chamo de Respirar para Conectar, é levá-lo a uma conexão com o lugar onde se encontra e com o que está fazendo. Feito isso, você estará no melhor espaço psicológico possível para empreender ações eficazes que estimulem sua vida.

Respirar para Conectar não precisa incluir exatamente dez respirações. Você pode diminuir ou aumentar o exercício, se preferir. Portanto, de agora em diante, pratique ao longo do dia, todos os dias. Nos sinais de trânsito, numa fila, de manhã antes de sair da cama, no intervalo do almoço, enquanto o computador está ligando ou enquanto espera alguém ficar pronto para sair.

Tente versões mais longas e mais curtas. No trânsito, você talvez só tenha tempo para três ou quatro respirações lentas e profundas. Na fila do mercado, talvez tenha tempo para trinta ou mais. A conta não é exata.

Pratique sempre que estiver estressado ou que se perceber capturado por pensamentos e sentimentos. Em uma situação tensa, até mesmo uma única respiração profunda pode trazer segundos preciosos para recuperar a forma.

O poder de uma única respiração profunda

Se estou com um cliente e ele me diz que pretende cometer suicídio, naturalmente sinto uma onda de ansiedade. Porém, não vou ajudar se me deixar arrastar. Portanto, faço, de imediato, uma respiração lenta e profunda, e naqueles poucos segundos crio espaço para minha ansiedade, permito que meus pensamentos permaneçam como pano de fundo e concentro a atenção no cliente. Até que a crise se dissipe, continuo respirando lenta e profundamente, permitindo que os pensamentos e os sentimentos transitem, e permaneço em total conexão com o que estou fazendo. Assim, minha respiração funciona como uma âncora. Ela não me livra da ansiedade, mas também não permite que eu seja arrastado. É como se fosse uma presença surda e constante, enquanto minha atenção se concentra na eficácia.

Lembra-se de Donna, cujo marido e filha morreram em um acidente de carro? Por meses após o acidente, ela era tomada por sentimentos repentinos de tristeza. Donna descobriu que uma única respiração profunda servia de apoio para impedir que a onda de tristeza a devastasse. Ela conseguia respirar através da tristeza, criar espaço para ela e reconectar-se com a experiência no aqui e agora. Muitas vezes a tristeza provocava um forte ímpeto por álcool. Nesse caso, outra vez, até mesmo uma única respiração profunda fazia diferença, ao proporcionar alguns segundos preciosos para compreender o que acontecia. Com isso, Donna tinha como fazer a escolha consciente de agir ou não.

Lembra-se de Michelle, cuja vida girava ao redor de tentativas para afastar sentimentos profundos de desmerecimento? Eram frequentes os pedidos do chefe para que trabalhasse mais tempo, e ela sempre ficava até tarde para isso, tentando mostrar valor. Com o progresso da terapia, Michelle passou a quebrar o hábito, entendendo que consumia um tempo precioso. Além disso, não havia qualquer remuneração adicional pelas horas extras! Dizer "sim" ao chefe era um hábito difícil de superar. Tinha sido assim a vida profissional toda, e a ideia de dizer "não" despertava muito medo. "E se ele ficasse com raiva?", "E se a achasse preguiçosa?" Entretanto, Michelle estava disposta a sentir medo se isso fosse orientar sua vida no sentido que desejava.

Na vez seguinte em que o chefe fez um pedido urgente a apenas dez minutos do final do expediente, Michelle sentiu um forte ímpeto de dizer "sim". Mas não disse. Em vez disso, respirou lenta e profundamente. Aqueles poucos segundos foram suficientes para se recompor: "Sinto muito, mas não posso ficar. Tenho que ir para casa. Será a primeira coisa que farei amanhã."

O chefe pareceu estupefato. A ansiedade de Michelle disparou, e a mente começou sua tagarelice amedrontadora. Contudo, ela se conectou com a respiração, criou espaço para os pensamentos e sentimentos e continuou focada na situação. Após uma estranha pausa que pareceu durar horas, para surpresa de Michelle, o chefe limitou-se a dizer, sorrindo: "Tudo bem!"

RESPIRAR PARA CONECTAR: A PRÁTICA COMPLETA

Se quiser mesmo virar expert em conexão, reserve dez minutos diários para praticar.

Sente ou deite confortavelmente, de olhos fechados. Nos primeiros seis minutos, conecte-se com sua respiração. Repare no suave elevar do peito e acompanhe o ar entrando e saindo dos pulmões. Deixe que quaisquer pensamentos e sentimentos transitem, e sempre que perceber sua atenção divagando, retome o foco, calmamente, quantas vezes for preciso. Nos três minutos seguintes, expanda a consciência, fique consciente do seu corpo, dos seus sentimentos e também da sua respiração. No minuto final, abra os olhos e conecte-se com o ambiente, mantendo a conexão com o corpo, os sentimentos e a respiração.

Na primeira semana, faça o exercício por dez minutos todo dia e, em seguida, aumente a duração dois ou três minutos por semana, até que possa fazê-lo vinte minutos a cada vez. Trata-se de uma técnica de atenção plena muito forte, cuja prática regular resultará em benefícios físicos e psicológicos visíveis.

O que fazer numa crise?

Não importa a gravidade da situação, não importa a dor que estiver sentindo, comece com algumas respirações profundas. Se estiver respirando, sabe que está vivo. Enquanto há vida, há esperança. Algumas respirações no meio da crise proporcionam tempo para se situar no presente, para perceber o que está acontecendo e como está reagindo e para pensar em uma forma de ação eficaz. Nesse caso, estar presente e aceitar o que se está sentindo são as ações mais eficazes.

Se empregar o Respirar para Conectar em toda e qualquer oportunidade, ele se tornará uma segunda natureza. Isso é importante porque, de outra forma, vai se esquecer do exercício justamente quando mais precisar. Procure praticá-lo sempre que se sentir fisgado por pensamentos e sentimentos. Assim como qualquer outra estratégia de aceitação, não a transforme numa estratégia de controle. A meta é controlar sua respiração, não seus sentimentos. Embora o Respirar para Conectar muitas vezes desperte sentimentos agradáveis, não passe a esperar sempre por isso nem a forçar. Ao respirar para conectar, permita-se sentir o que estiver sentindo. Crie espaço para tais sentimentos. Você não é obrigado a gostar deles, só deixe acontecerem.

Em meio a uma crise emocional, pode ser difícil lembrar esses *insights* e técnicas. No final do livro, incluí uma lista de técnicas da TAC que podem ser especialmente úteis diante de aborrecimentos, medos, pânico ou depressão agudos. (Veja as "Sugestões para tempos de crise", página 277.)

Qual é o papel do eu pensante nisso?

Até agora, nossa tendência foi perceber o eu pensante como um obstáculo, algo que nos desconecta da vida, tagarelando constantemente. O eu pensante, porém, também pode ser de extrema ajuda — se o usarmos com sabedoria. O próximo capítulo é exatamente sobre isso.

Capítulo 21
DIGA A VERDADE

Algum dos seguintes pensamentos são familiares? "Não estou fazendo isso direito", "É inútil, talvez seja melhor desistir agora", "Isso é perda de tempo", "Sou um idiota", "Por que não pratico o que estou lendo?". À medida que trabalhar o conteúdo do livro, o eu pensante com certeza vai lhe dirigir várias "chamadas" assim. Lembre-se, porém, de que ele não está deliberadamente tentando aborrecê-lo, mas apenas fazendo o trabalho para o qual foi preparado.

O eu observador, como você já sabe, não julga. É como uma câmera fazendo um documentário sobre a vida selvagem. Quando o leão mata um antílope, a câmera não julga se isso foi bom ou ruim, simplesmente registra. O eu pensante, por outro lado, adora julgar — é o que faz o tempo todo, diariamente. Se voltarmos cem mil anos no tempo, isso faz todo o sentido. Nossos ancestrais precisavam julgar para sobreviver: aquela mancha escura é uma rocha ou um urso? Essa fruta pode ser comida ou é venenosa? Aquela pessoa é amiga ou inimiga? Caso nossos ancestrais fizessem a escolha errada, poderiam pagar com a própria vida. Assim, no decurso de centenas de milhares de anos, nossa mente se aprimorou em fazer julgamentos e, como resultado, hoje ela não para.

Obviamente, a capacidade de julgar é vital para o nosso bem-estar. No entanto, conforme já visto, muitos julgamentos são extremamente inúteis se nos fundirmos a eles. Muitas vezes eles nos preparam para uma luta — conosco, com nossos sentimentos, com a realidade. Assim como com qualquer pensamento inútil, a meta na TAC é deixar que os julgamentos transitem. Em vez de embarcarmos neles, podemos simplesmente reconhecer: "É um julgamento."

Ao utilizar o eu pensante para ajudar na conexão, precisamos escolher deixar de lado opiniões e recorrer aos fatos.

Descrições factuais

O que quero dizer com "descrições factuais"? Eis um exemplo: Julia Roberts é atriz. Compare essa afirmativa com algumas "descrições julgadoras": Julia Roberts é bonita; Julia Roberts é uma atriz maravilhosamente talentosa; Julia Roberts tem um salário astronômico. Na primeira afirmativa, tudo o que temos são *fatos*: Julia Roberts atua em filmes e é mulher. Nas três afirmativas seguintes, temos *julgamentos*: ela é bonita, talentosa, bem-remunerada até demais. Nenhum deles é um *fato*, são apenas opiniões.

Quando fazemos julgamentos negativos sobre nossa experiência, é muito fácil lutar. No entanto, a descrição da experiência em termos factuais ajuda na conexão com o real.

Você já vem fazendo um pouco isso, ao usar as frases "estou tendo o pensamento de que..." ou "estou tendo o sentimento de que...". Elas descrevem sua experiência atual em termos factuais. Você está simplesmente afirmando o que ocorre no presente: que neste momento você está tendo um pensamento ou um sentimento. Isso lhe permite ficar conectado com o que acontece, estar presente, aberto, autoconsciente. É possível desenvolver essa habilidade fazendo um comentário simultâneo.

"Comentário simultâneo" é uma descrição factual e não julgadora daquilo que está acontecendo, passo a passo. Pode nos ajudar a ficar no presente, mesmo em meio aos sentimentos mais fortes.

Donna utilizou o comentário simultâneo para lidar com o luto. Quando uma onda de tristeza a abatia, falava para si mesma: "Estou tendo novamente um sentimento de tristeza. Posso senti-lo. Está no meu peito, como um grande peso. Não gosto dele, mas sei que posso criar espaço. Fazendo algumas respirações profundas. Respirando através dele... isso... criando espaço... deixando acontecer. Respirando por dentro dele..."

Às vezes, Donna praticava o exercício por alguns minutos ou até por uma hora, dependendo da força dos sentimentos e da velocidade com que mudavam. A prática a ajudava a ficar no presente, e ela podia, então, se concentrar numa atividade produtiva. Ela chegava a acrescentar sua escolha ao comentário: "Agora, o que desejo fazer? Bem, queria cozinhar algo saudável para o jantar. Isso importa mesmo para mim? Importa. Então, vou me concentrar em cortar batatas."

Uma vez tendo escolhido uma atividade que valorizava, conectava-se a ela inteiramente, usando os cinco sentidos. Por exemplo, observava com cuidado a aparência e a textura das batatas, os sons produzidos ao descascá-las e cortá-las, o contato com a faca, cortando e picando, e os movimentos de braços, mãos e pescoço.

Com o tempo, à medida que seu período de luto prosseguiu, sentimentos e ímpetos a perturbaram cada vez menos. Ao melhorar nas práticas de expansão, desfusão e conexão, ela passou a precisar menos do pensamento.

Alguns consideram o comentário simultâneo muito útil, outros nem tanto. Por que não tenta experimentá-lo e vê como funciona? Como sempre, faça uso dele apenas se servir para você.

Vamos retomar a conexão mais tarde, quando a empregarmos na ação. Agora, porém, é hora de algo completamente diferente.

Capítulo 22
A GRANDE HISTÓRIA

Do que você menos gosta em si mesmo? Já fiz essa pergunta milhares de vezes, individualmente e em grupo, e estas são algumas das respostas mais comuns:

- Sou muito tímido/medroso/ansioso/carente/frágil/passivo.
- Sou burro/idiota/desorganizado.
- Sou gordo/feio/incapaz/preguiçoso.
- Sou egoísta/crítico/arrogante/frívolo.
- Sou julgador/explosivo/ávido/agressivo/antipático.
- Sou um fracassado/um perdedor; estou abaixo das expectativas.
- Sou chato/maçante/previsível/sério/desmotivado/ignorante.

Estas são apenas algumas das respostas. A variação é infinita. Embora tenhamos visões pessoais negativas, as respostas indicam um tema comum: ninguém se acha bom o suficiente, e todos acreditam que lhes falta alguma característica fundamental. É uma mensagem contínua enviada pela mente.

Não importa o quanto realizamos, nosso pensamento sempre consegue encontrar algum defeito, algo que falta, em que somos deficientes ou não bons o bastante, o que não surpreende se lembrarmos a evolução da mente humana. O mecanismo de defesa dos nossos ancestrais os ajudou a sobreviver, comparando-os constantemente aos demais membros do clã, para assegurar sua aceitação. Também chamava sempre a atenção para suas fraquezas, para que pudessem melhorar e, assim, viver mais tempo. O problema é que a tendência do eu pensante em nos mostrar de que maneiras *não somos bons o suficiente* nos faz sentir fracassados, incapazes, desvalorizados, rejeitados, incompetentes, ou qualquer que seja sua versão pessoal de *não ser bom o bastante*. Temos um termo comum para isso: baixa autoestima.

Baixa autoestima

O que vem a ser a autoestima? Em essência, é uma opinião sobre a pessoa que você é. Autoestima alta é uma opinião positiva; e baixa, uma negativa.

Em última análise, a autoestima é um punhado de pensamentos sobre ser ou não uma "boa pessoa". Aqui está a ideia principal: a autoestima não é um fato, apenas uma opinião. É isso mesmo. Não é a verdade. Não passa de um julgamento altamente subjetivo. "Parece justo", diria você, "mas não é importante ter uma boa opinião sobre si mesmo?"

Não necessariamente. Primeiro, consideremos o que é uma opinião: é uma história, são só palavras. É um julgamento, não uma descrição factual. Lembre-se: "Julia Roberts é uma atriz de cinema" é uma descrição factual; "Julia Roberts é uma atriz muito talentosa" é uma opinião. Portanto, a autoestima é basicamente um julgamento que o pensamento faz sobre nós mesmos.

Suponha, agora, que decidimos optar pela autoestima alta. O que fazer para consegui-la? A tendência é argumentar, justificar e negociar até que, talvez, venhamos a convencer o eu pensante a nos declarar "boas pessoas". Por exemplo, podemos apresentar o seguinte raciocínio: "Vou bem no trabalho, me exercito regularmente, me alimento de forma saudável, ajudo as pessoas —

então, sou uma boa pessoa." Se você realmente acreditar nessas palavras — ser uma "boa pessoa" — então sua autoestima está em alta. O problema é que, seguindo essa abordagem, você precisa se justificar constantemente, provar que é uma boa pessoa. Você precisa sustentar essa boa opinião, desafiar essa história de "não ser bom o bastante", e tudo isso consome tempo e esforço.

É como um jogo de xadrez interminável. Imagine um jogo no qual as peças são seus pensamentos e sentimentos. De um lado do tabuleiro, temos as peças pretas: todos os "maus" pensamentos e sentimentos. Do lado oposto, as brancas: todos os "bons" pensamentos e sentimentos. Há uma batalha entre elas. Gastamos uma enorme parte da vida presos no jogo. Porém, é uma guerra sem fim, já que o número de peças é infinito. Não importa quantas sejam eliminadas, sempre serão substituídas.

Ao tentar elevar a autoestima, você reúne a maior quantidade de peças brancas possível, usando justificativas como o aumento que acabou de receber ou a ginástica que faz três vezes por semana. À medida que avança as peças brancas pelo tabuleiro, sua autoestima começa a se elevar. Entretanto, existe um problema: existe um exército inteiro de peças pretas esperando! No momento em que se distrair, esquecer-se de se autojustificar, as peças pretas atacam, e a sua autoestima se dissolve como açúcar na água.

Você deixa de fazer exercícios por alguns dias e sua mente diz: "Viu? Sabia que não ia durar muito!" Você perde a paciência com um amigo: "Você é um péssimo amigo!" Você erra no trabalho: "Nossa, que fracasso!"

Você pode tentar reunir mais peças brancas. Talvez utilize afirmações positivas, como "sou um ser humano maravilhoso, cheio de amor, força e coragem". O problema dessa abordagem é que a maioria das pessoas não acredita de fato no que está dizendo. É mais ou menos como dizer "eu sou o Super-Homem" ou "eu sou a Mulher-Maravilha". Não importa quantas vezes afirme isso, não vai acreditar, vai?

Outro problema é que, seja qual for a afirmação, verdadeira ou não, ela tenderá a atrair uma resposta negativa. As peças brancas sempre atraem as pretas. Tente o seguinte exercício.

OS OPOSTOS SE ATRAEM

Neste exercício, leia cada frase devagar e tente acreditar nela com todas as suas forças. Ao fazê-lo, repare nos pensamentos que automaticamente lhe ocorrem:

- Sou um ser humano.
- Sou um ser humano de valor.
- Sou um ser humano de valor e cativante.
- Sou um ser humano de valor, cativante e competente.
- Sou um ser humano de valor, cativante, competente e perfeito.

O que aconteceu quando tentou acreditar nesses pensamentos? Para a maioria, quanto mais positivo o pensamento, maior a resistência. As poucas pessoas que conseguem realmente se fundir com as afirmações acima se sentem maravilhosas — por um momento. É um sentimento que não dura muito. Logo, logo as peças pretas voltarão a atacar.

Agora, eu gostaria de fazer o mesmo exercício com mais uma frase:

Sou um lixo humano inútil.

O que aconteceu *agora*? A maioria automaticamente produz um pensamento positivo em defesa própria. E, de novo, pouquíssimas pessoas se fundem totalmente com o pensamento e, como resultado, se sentem péssimas.

A realidade é que podemos encontrar uma quantidade infinita de histórias, boas e ruins, sobre nós mesmos, e enquanto estivermos comprometidos demais com a autoestima, perderemos tempo nesse jogo de xadrez, travando uma batalha sem fim contra nosso próprio suprimento ilimitado de pensamentos negativos.

Suponhamos que apareça uma peça preta chamando você de idiota, e você convoca peças brancas em sua ajuda: "É claro que você não é um idiota. Apenas cometeu um erro. Errar é humano." Surge, porém, outra peça preta dizendo: "Está brincando? Olha só como você estragou tudo outra vez!" Você contra-ataca com outra peça branca: "É, mas aprendi a lição." A peça preta rebate: "Você é um idiota, nunca vai acertar!"

A batalha se inflama, com mais e mais peças envolvidas. E adivinha? Enquanto toda a sua atenção está desviada para o jogo, é muito difícil se conectar com qualquer outra coisa. Você se desliga da vida e do mundo, totalmente perdido na luta contra suas próprias opiniões.

É assim que deseja passar seus dias? Brigando com os próprios pensamentos? Tentando provar a si mesmo que é uma boa pessoa? Continuamente tendo que justificar ou garantir o seu valor? Não preferiria dar uma trégua?

Largando a autoestima

Quando sua autoestima é baixa, você se sente arrasado; mas se é alta, estará se esforçando constantemente para mantê-la. Então, como seria a vida se você largasse de vez a autoestima; se você parasse de se julgar?

É óbvio que o eu pensante ainda continuaria julgando, como de hábito, mas você veria seus pensamentos como são, meras palavras, e os deixaria ir e vir como carros no trânsito. E se quiser recorrer a algumas técnicas de desfusão para ajudar, pode tentar agradecer ou reconhecer o pensamento. Ou pode simplesmente dar um nome à história.

Parece uma boa ideia? Estranha? Maravilhosa? Insana? Sem dúvida, ela provoca algumas perguntas:

P: Será que eu não preciso de uma autoestima alta para ter uma vida mais rica e significativa?

R: Não, não precisa. Tudo o que precisa fazer é conectar-se aos seus valores e agir de acordo.

P: A autoestima elevada não facilita?

R: Às vezes sim, mas muitas vezes não.

P: Por que não?

R: Porque a tentativa continuada de manter a autoestima pode na verdade afastá-lo do que você valoriza. Lembra-se de Michelle, ficando no trabalho até mais tarde para tentar reforçar seu valor, mas deixando de lado um tempo precioso ao lado da família? A autoestima elevada pode proporcionar alguns momentos agradáveis a curto prazo, mas depois de um tempo o esforço para mantê-la vai cansar você. Você vai voltar a não se achar bom o suficiente. Quer passar o resto da vida lutando? Por que se perturbar se pode ter uma vida realizada sem todo esse esforço?

P: Mas os que têm uma autoestima alta não levam uma vida melhor?

R: Esse é um mito incrivelmente popular, e existem mesmo *algumas* pessoas com autoestima elevada que levam vidas melhores. No entanto, se examinarmos as pesquisas sobre autoestima, veremos que ela traz grandes problemas. A autoestima elevada facilmente conduz à arrogância, à pretensão, ao egocentrismo, ao egoísmo ou a uma falsa noção de superioridade, que de imediato alimenta a discriminação e o preconceito.

Um grupo particularmente afetado são aqueles cuja autoestima se mantém com o desempenho profissional. Quando vão bem, se sentem ótimos, mas se o desempenho cai, o que acontece mais cedo ou mais tarde, a autoestima despenca. Assim, eles entram num círculo vicioso, pressionando-se cada vez mais para apresentar um desempenho sempre melhor, sofrendo com estresse, cansaço e exaustão. Entretanto, a boa notícia é que uma vida mais rica, plena e significativa não depende da autoestima.

P: O que sugeriria como alternativa?

R: Não tente se justificar. Não tente se enxergar como uma boa pessoa. Não tente justificar seu valor. Quaisquer julgamentos que o eu pensante faça a seu respeito, positivos ou negativos, considere-os apenas palavras e os deixe de lado.

Simultaneamente, aja de acordo com os seus valores. Enriqueça a sua vida fazendo algo de significativo. Quando perder o rumo dos seus valores — o que garanto que vai acontecer muitas vezes — não "embarque" em autoavaliações implacáveis. Limite-se a agradecer e deixar que as palavras circulem. Aceite o ocorrido e que não há retorno. Em seguida, conecte-se com o lugar onde está e com o que está fazendo, escolha uma direção que valorize e aja.

Se abandonar a batalha pela autoestima, tudo o que resta é...

Autoaceitação

A autoaceitação é estar bem com quem você é: tratar-se bem, aceitando que é humano e, portanto, imperfeito, e permitindo-se cometer erros e aprender com eles.

Isso significa que você se recusa a aceitar os julgamentos da mente, sejam bons ou ruins. Em vez de se julgar, você reconhece suas próprias forças e fraquezas e faz o que pode para ser a pessoa que deseja ser. A mente vai contar uma infinidade de histórias, mas você não é obrigado a acreditar.

Considere o seguinte exemplo: já teve a oportunidade de assistir a algum documentário sobre a África? O que viu? Crocodilos, leões, antílopes, gorilas e girafas? Danças tribais? Campanhas militares? O Nelson Mandela? Mercados coloridos? Belas montanhas? Lindos vilarejos? Favelas abatidas pela pobreza? Crianças famintas? Podemos aprender com um documentário, mas uma coisa é certa: um documentário sobre a África não é a África.

Um documentário nos oferece impressões, panoramas e sons marcantes. Entretanto, não mostra a experiência de vida real: o cheiro e o gosto da comida, a sensação do sol na pele, a umidade da floresta, a aridez do deserto, o esconderijo de um elefante, o prazer de interagir com as pessoas. Não importa o brilhantismo da filmagem, mesmo que dure milhares de horas, não chegará nem perto da experiência de estar lá de verdade. Por quê? Porque um documentário sobre a África não é o mesmo que a África em si.

Da mesma forma, um documentário sobre você não seria o mesmo que você em pessoa. Mesmo que o documentário fosse extremamente longo e incluísse cenas relevantes da sua vida, entrevistas com pessoas conhecidas e detalhes fascinantes dos seus segredos mais íntimos, ainda assim o documentário não seria você.

Para entender melhor a questão, pense na pessoa que mais ama no mundo. Com quem gostaria de passar seu tempo, com a pessoa de verdade ou com um documentário sobre ela? Existe uma enorme diferença entre quem somos e aquilo que qualquer um poderia descrever, a despeito da "veracidade" da descrição. Coloquei "veracidade" entre aspas porque todos os documentários são tendenciosos, já que só mostram uma pequena parte de um quadro. Desde que as câmeras de vídeo ficaram mais baratas, um documentário televisivo de uma hora é uma edição do que há de "melhor" dentre dezenas, se não centenas, de horas de filmagem. Portanto, é inevitável que seja tendencioso.

É claro que a parcialidade de um diretor de cinema não é nada se comparada à do eu pensante. Baseado em uma vida inteira de experiências, com centenas de milhares de horas arquivadas, o eu pensante seleciona algumas lembranças marcantes, edita-as com alguns julgamentos e opiniões e as transforma num documentário, que chama de *Esse sou eu*, que em geral tem como subtítulo: *Por que não sou bom o bastante*. O problema é que, ao assistir a esse documentário, esquecemos que é apenas uma edição. Acreditamos ser mesmo aquele filme! Entretanto, assim como um documentário sobre a África não é a África, um documentário sobre você não é você.

Sua autoimagem, sua autoestima, os julgamentos que faz sobre você, esses são pensamentos, imagens e lembranças. *Não* são você.

Você pode estar se perguntando agora mesmo: "Mas se não sou meus pensamentos e lembranças, quem sou eu?"

Boa pergunta...

Capítulo 23
VOCÊ NÃO É QUEM PENSA SER

Já ouviu as afirmativas "penso, logo existo", "aprenda a pensar por si mesmo", "desenvolva sua mente", "pense positivo", "leve isso a sério"? A sociedade nos ensina que pensar é a suprema capacidade humana. Pensamento lateral, pensamento racional, pensamento lógico, pensamento otimista: todos são estimulados. É claro que as habilidades mentais são muito importantes. A terceira parte deste livro atribui uma grande importância ao pensamento eficaz. Todavia, você é bem mais do que a soma dos seus pensamentos.

Não importa o que pense, imagine ou lembre, há uma parte de você separada dos seus pensamentos, capaz de observar a mente em ação, de reparar no que ela está fazendo. Neste livro, denominei-a de eu observador, e você já a vem usando nos exercícios propostos. Sempre que observa sua respiração, pensamentos ou sentimentos, o eu observador é quem faz a observação.

Podemos falar sobre o "eu" de diferentes maneiras, mas, na comunicação diária, nos referimos normalmente a apenas dois aspectos: o eu físico (o corpo) e o eu pensante (a mente). É tão raro falar do eu observador que não temos uma palavra para designá-lo. Uma pena, porque ele é muito importante, e sem ele não temos acesso à autoconsciência nem à flexibilidade psicológica. Vamos aprender um pouco mais sobre ele.

O exercício a seguir consiste em uma série de instruções curtas. Assegure-se de realmente *segui-las*, e não apenas lê-las, a fim de obter os resultados. Onde forem especificados "dez segundos" ou "trinta segundos", não fique contando, ou isso interferirá no exercício. Use o número apenas como referência.

REPARE-SE REPARANDO

1. Por dez segundos, feche os olhos e apenas repare em todos os sons que consegue ouvir.
2. Agora, faça o mesmo, mas, desta vez, *enquanto* repara no que consegue ouvir, *conscientize-se* de que está reparando.
3. Agora, por dez segundos, olhe em volta e repare no que consegue ver.
4. Agora, faça o mesmo, mas, desta vez, *enquanto* repara no que consegue ver, *conscientize-se* de que está reparando.
5. Por dez segundos, perceba a posição do seu corpo, onde estão seus pés, qual o seu ponto de apoio, como está a curvatura da coluna vertebral.
6. Agora, faça o mesmo, mas, desta vez, *enquanto* repara no corpo, *conscientize-se* de que está reparando.
7. Por dez segundos, feche os olhos e atente para o que está pensando.
8. Agora, faça o mesmo, mas, desta vez, *enquanto* repara nos pensamentos, *conscientize-se* de que está reparando.
9. Agora, inspire o ar e repare no cheiro. Se não sentir cheiro algum, sinta apenas a sensação no interior das narinas.
10. Agora, faça o mesmo, e, *enquanto* o faz, *conscientize-se* de que está reparando.
11. Perceba o gosto que sente na boca. Se não sentir gosto algum, sinta apenas a sensação no interior da boca.
12. Agora, faça o mesmo, mas, desta vez, *enquanto* o faz, *conscientize-se* de que está reparando.

13. Agora, pela segunda vez, feche os olhos e preste atenção no que está pensando (por cerca de dez segundos).
14. Agora, faça o mesmo, mas, desta vez, *enquanto* o faz, *conscientize-se* de que está reparando.
15. Agora, por dez segundos, balance os dedos lentamente e perceba os movimentos.
16. Agora, faça o mesmo, mas, desta vez, *enquanto* o faz, *conscientize-se* de que está reparando.
17. Agora, rastreie todo o corpo, concentre-se em qualquer sentimento ou sensação que chame sua atenção e, por dez segundos, observe-o realmente.
18. Agora, observe esse sentimento novamente, mas, desta vez, *enquanto* o faz, *conscientize-se* de que o está observando.
19. Agora, dê três respirações lentas e profundas e realmente repare na respiração.
20. Agora, faça o mesmo, mas, desta vez, *enquanto* o faz, *conscientize-se* de que está reparando.
21. Pela terceira vez, feche os olhos (por dez segundos) e observe o que está pensando.
22. Agora, faça o mesmo, mas, desta vez, *enquanto* repara nos pensamentos, *conscientize-se* de que está reparando.

• • • • •

Nesse exercício, espera-se que você tenha encontrado a parte de você que está consciente de tudo o que vê, ouve, toca, degusta, cheira, sente, pensa e faz. Se não conseguiu, peço-lhe que repita o exercício. Esta sua parte é o que a TAC chama de "eu observador".

O eu observador

O eu observador não é um pensamento nem um sentimento. Mais exatamente, é uma perspectiva, a partir da qual você observa pensamentos e sentimentos. Uma expressão melhor pode ser "consciência pura", porque é isso: uma consciência.

Independentemente do que estiver pensando, sentindo ou fazendo, essa parte de você está sempre ali, consciente. Você sabe que está pensando ou sentindo porque essa parte está consciente dos pensamentos e sentimentos. Sem o eu observador, você não tem autoconsciência.

Pense no seguinte: seus pensamentos e imagens mudam continuamente. Quantos não terão passado pela sua cabeça na última meia hora? Às vezes, são prazerosos, outras vezes são dolorosos, podem ser úteis ou podem ser obstáculos. Uma coisa é certa: eles mudam constantemente. O mesmo vale para sentimentos e sensações. Às vezes você está triste, em outras, feliz. Às vezes, calmo, depois zangado. Quantas sensações e sentimentos diferentes você vivenciou nesta última hora?

Seu corpo também muda continuamente. O corpo que tem agora não é o mesmo que tinha quando bebê, quando criança ou adolescente. Você produz uma nova camada cutânea a cada seis semanas, um fígado inteiro a cada três meses. A cada ano, 95% dos átomos do seu corpo são renovados.

Os papéis que desempenha mudam também. Às vezes, você é pai, mãe, filho, filha, irmão, irmã, tia ou tio. Em outros momentos, é cliente, paciente, ajudante, assistente, empregador, empregado, empreiteiro, cidadão, amigo, inimigo, aluno, professor, conselheiro, mentor, visitante, turista. Agora mesmo você está desempenhando outro papel: o de leitor.

Os papéis que desempenha e seus pensamentos, imagens, sentimentos, sensações e corpo mudam ao longo da vida. O eu observador, porém, não muda. O eu observador é uma perspectiva a partir da qual tudo mais é observado — pensamentos, sentimentos, sensações, papéis, corpo etc. A perspectiva em si nunca muda.

Pense nele como aquela parte de você que realmente tudo vê. Por "tudo" quero dizer tudo aquilo que você vivencia, vê, ouve, toca, cheira, pensa, sente ou faz.

Qualidades do eu observador

O eu observador não pode ser julgado como bom ou mau, certo ou errado, porque tudo o que faz é observar. Se você faz "a coisa errada" ou algo "ruim", o eu observador não é de forma alguma responsável. Ele apenas repara no que você fez e o ajuda a tomar consciência do ocorrido, dando-lhe, assim, condições de aprender com o erro. Além disso, o eu observador jamais julga, porque julgamentos são pensamentos, e o eu observador não pensa. Ele repara nos pensamentos, não os produz.

O eu observador vê tudo como é, sem julgar, criticar ou recorrer a quaisquer dos outros processos que nos preparam para lutar contra a realidade. Portanto, ele oferece aceitação, na sua forma mais pura e verdadeira.

O eu observador não pode melhorar. Está sempre presente, trabalhando perfeita e irretocavelmente. Tudo o que você precisa fazer é acessá-lo.

O eu observador não pode ser prejudicado, tampouco. Se seu corpo estiver fisicamente debilitado por uma doença, pela idade, por um ferimento, o eu observador registra o dano. Se a dor aparece, o eu observador repara nela. Se, como resultado, surgirem maus pensamentos ou lembranças, o eu observador repara neles também. Entretanto, nem o dano físico nem os sentimentos dolorosos podem danificar aquela parte de você que apenas os observa.

Em síntese, o eu observador:

- está presente do nascimento até a morte, e não muda;
- observa tudo o que você faz, sem jamais julgá-lo;
- não pode ser ferido ou danificado;
- está sempre conosco, mesmo se nos esquecermos dele;
- é a fonte da verdadeira aceitação;
- não é uma "coisa". Não é matéria nem possui propriedades físicas. Não se pode medi-lo, quantificá-lo, extirpá-lo ou examiná-lo. Só se pode conhecê-lo por experiência própria;
- não pode ser melhorado de forma alguma; portanto, é perfeito.

Ao ler essa síntese, você deve reparar em alguns paralelos entre a TAC e várias tradições religiosas e espirituais. A TAC, porém, não atribui crenças religiosas ao eu observador. Você é livre para conceituá-lo como quiser.

Podemos pensar no eu observador como o céu, enquanto pensamentos e sentimentos são o clima, que muda constantemente. Seja com tempo ruim, na pior tempestade, com vento, chuva, granizo violento, o céu sempre dá espaço para o clima, sem jamais ser atingido ou perturbado. Até furacões e tsunamis arrasadores não conseguem mudar o céu. É claro que, com o tempo, a temperatura vai mudar, enquanto que, fora do alcance dos acontecimentos meteorológicos, o céu permanece puro e claro, sempre.

O eu observador na vida diária

No dia a dia, tudo o que temos são "relances" do eu observador, porque, na maior parte do tempo, ele é obscurecido por um fluxo constante de pensamentos. De novo, é como o céu, que muitas vezes está completamente encoberto. No entanto, mesmo quando não podemos vê-lo, sabemos que continua lá e, se levantarmos a cabeça acima das nuvens, *sempre* o encontraremos.

De forma análoga, ao nos colocarmos acima dos pensamentos, encontramos o eu observador: uma perspectiva a partir da qual podemos observar as autocríticas negativas ou crenças, sem sermos prejudicados por elas. Da perspectiva do eu observador, você assiste ao documentário da sua vida e o vê assim mesmo: como uma coleção de palavras e imagens compiladas pelo eu pensante. O eu pensante afirma que o documentário *é* você. Você só precisa se afastar e assistir, e ficará claro que não é.

Uma pergunta costuma surgir nesse momento: "Se não sou minha mente, quem sou eu?" Bem, daria para escrever um outro livro inteiro sobre essa pergunta, mas a resposta mais simples e curta é: o seu "eu" é uma combinação entre o eu pensante, o eu físico e o eu observador. Esses são apenas diferentes aspectos do "eu". No entanto, o eu observador é o único que nunca muda; está sempre ali da mesma forma, do nascimento até a morte.

É bem simples acessar o eu observador. Escolha qualquer aspecto do qual esteja consciente — seja a vista que tem agora, um barulho, um cheiro, um gosto, uma sensação, um sentimento, um movimento, uma parte do corpo, um objeto qualquer — realmente qualquer um. Concentre a atenção nisso, e, *enquanto* repara nele, *conscientize-se* de que está reparando. É só o que precisa fazer. Portanto, vamos fazê-lo agora mesmo. Leia primeiro as instruções e depois tente.

ONDE ESTÃO SEUS PENSAMENTOS?

Feche os olhos e, por trinta segundos, observe seus pensamentos. Perceba que eles parecem estar situados no espaço — acima de você, à sua frente ou no seu interior —, e repare se eles parecem mais com imagens, palavras ou sons. Se todos os seus pensamentos desaparecerem, registre o espaço vazio. Ao reparar neles, ou no espaço vazio, conscientize-se de estar fazendo isso. Ali estão seus pensamentos — e aqui está você reparando neles. Agora, releia as instruções, feche os olhos e tente.

• • • • •

Em seguida, por trinta segundos, observe sua respiração e, ao reparar nela, conscientize-se de que a está observando. Perceba, ali está sua respiração — e aqui está você reparando nela. Agora, releia as instruções, feche os olhos e faça uma tentativa.

• • • • •

Para finalizar, por trinta segundos, observe seu corpo, rastreando-o da cabeça aos pés e, ao reparar nele, conscientize-se de que está reparando. Perceba, ali está seu corpo — e aqui está você reparando nele. Agora, releia as instruções, feche os olhos e tente.

• • • • •

É só isso. É evidente que é muito difícil permanecer no espaço psicológico do eu observador. Quase que instantaneamente, o eu pensante começará a analisar ou comentar o que está acontecendo, e à medida que for arrastado por esses pensamentos, o eu observador vai parecer sumir. Essa é apenas uma ilusão. O eu observador está sempre com você e sempre acessível no instante em que você desejar. Dada a natureza da mente, você se deixará levar pela falação vez após outra, a vida toda. No entanto, no momento em que reconhecer isso, você pode na mesma hora dar um passo para trás, observar e se libertar de suas amarras.

Fim?

Chegamos, então, ao final da segunda parte, e espero que sua flexibilidade psicológica já esteja aumentando. Você deve se lembrar de que ela tem dois grandes componentes: a capacidade de adaptação a uma situação com abertura, consciência e foco *e* a capacidade de empreender uma ação eficaz, orientada por valores. Na segunda parte, nos concentramos principalmente no primeiro componente: trazer abertura, consciência e foco ao momento presente. Na terceira parte, vamos nos concentrar no segundo componente: a clarificação dos valores e a ação eficaz. É inevitável que, ao agir para criar a vida que deseja, você encare muitos medos e se depare com pensamentos e sentimentos desagradáveis. No entanto, cada vez mais, ao usar a desfusão, a expansão e a conexão, você aprende a superar esses obstáculos. Não é bom saber que o eu observador está sempre lá para ajudar? É como um porto seguro dentro de você, de onde é possível observar até os pensamentos, os sentimentos e as lembranças mais difíceis, sabendo que nunca atingirão o eu que observa.

Parte 3
Criando uma vida de valor

Capítulo 24

SIGA O SEU CORAÇÃO

Para que tudo isso? Por que você está aqui? O que faz sua vida valer a pena? É impressionante como muitos de nós jamais consideramos essas perguntas. Seguimos pela vida afora obedecendo à mesma rotina, dia após dia. Entretanto, para criarmos uma vida mais rica, plena e significativa, precisamos parar e refletir sobre o que estamos fazendo e por que estamos fazendo. Agora é a hora de se perguntar:

- No fundo, o que é importante para você?
- Como quer que sua vida aconteça?
- Que pessoa você quer ser?
- Que relações deseja desenvolver?
- Se não estivesse lutando contra seus sentimentos ou medos, no que usaria seu tempo e sua energia?

Não se preocupe se não souber todas as respostas. Vamos explorá-las nos próximos capítulos e suas respostas o conectarão aos seus valores.

Seus valores

Já mencionamos os valores várias vezes neste livro.

Valores são:

- Os desejos mais profundos do nosso coração: como queremos ser, as ideias que defendemos e como queremos nos relacionar com o mundo à nossa volta.
- Princípios norteadores que nos guiam e motivam a prosseguir.

Quando seguimos orientados por valores, além de adquirirmos um senso de vitalidade e contentamento, constatamos que a vida pode ser rica, plena e significativa, mesmo quando acontecem situações desagradáveis. Vejamos o caso do meu grande amigo Fred.

Fred administrava um negócio que deu errado. Por isso, ele e a mulher perderam quase tudo, inclusive a casa. Diante de uma situação financeira crítica, decidiram deixar a cidade e ir para o interior, para viver bem com um aluguel acessível. Lá, ele arranjou emprego num internato para alunos estrangeiros, principalmente da China e da Coreia.

O trabalho não tinha nada a ver com o negócio anterior de Fred. Entre suas atribuições estava manter a ordem e a segurança da instituição, certificando-se de que as crianças faziam seus deveres de casa e dormiam na hora certa. Ele pernoitava e preparava os alunos pela manhã.

Muitos em seu lugar teriam se abatido. Ele perdera a empresa, a casa, muito dinheiro e agora estava ali, em um trabalho de baixa remuneração que o mantinha longe da mulher cinco noites por semana.

Fred entendeu, porém, que tinha duas escolhas: concentrar-se nas perdas, martirizar-se e se deprimir, ou fazer o melhor possível. Por sorte, ele escolheu a última opção.

Fred sempre valorizou o aconselhamento, a orientação e o apoio de outras pessoas e decidiu trazer seus valores para o local de trabalho. Começou a ensinar habilidades úteis aos estudantes, como passar roupa e cozinhar refeições simples. Organizou também o primeiro concurso de talentos da escola e ajudou os alunos a elaborarem um documentário humorístico sobre suas vidas acadêmicas. Além disso, tornou-se um conselheiro informal. Muitos o procuravam pedindo ajuda para lidar com diversos problemas: dificuldades de relacionamento, questões familiares, problemas com os estudos, e assim por diante. Nada disso fazia parte da descrição do cargo de Fred, que nada recebia para fazê-lo. Ele só valorizava o zelo, gostava de se doar. Como resultado, o que seria um emprego de menor importância se transformou em um trabalho significativo e gratificante.

Ao mesmo tempo, Fred não esqueceu sua carreira. Embora, a curto prazo, precisasse daquele emprego para pagar as contas, continuou procurando por outro que desejasse de verdade. Sempre fora um excelente administrador, com especial interesse por eventos musicais e teatrais, área que mais o atraía. Depois de meses de procura, Fred conseguiu ser contratado como organizador do festival de artes local. Era um trabalho que o preenchia, era bem-remunerado e lhe permitia passar mais tempo com a mulher.

Essa história exemplifica muito bem como podemos viver segundo nossos valores, ainda que a vida esteja difícil. É também um bom exemplo de como podemos nos realizar em qualquer emprego, mesmo em um que não seja o ideal, desde que nossos valores nos acompanhem ao local de trabalho. Assim, mesmo enquanto buscamos ou treinamos para um emprego melhor, encontraremos satisfação com aquilo que temos no momento.

Valores *versus* metas

É importante reconhecer que valores e metas não se equivalem. Valor é uma direção na qual queremos caminhar, um processo contínuo que nunca termina. Por exemplo, o desejo de ser um parceiro amoroso e dedicado é um valor. Ele dura para o resto da vida. No momento em que deixar de ser amoroso e dedicado, você não estará mais vivendo segundo esse valor.

Meta é um resultado que pode ser alcançado ou finalizado. Por exemplo, querer se casar é uma meta. Uma vez atingida, está feito, pode ser riscada da lista. Uma vez casado, você está casado, seja amoroso e atento ou hostil e negligente.

Portanto, um valor é como partir rumo ao oeste. Não importa quão longe vá, há sempre um oeste mais longe. Uma meta é uma montanha ou um rio que você quer atravessar. Uma vez ultrapassado, são "águas passadas".

Querer um emprego melhor é uma meta. Uma vez alcançada, foi realizada. Contudo, se quiser se dedicar totalmente ao trabalho, estar atento aos detalhes, ser solícito com seus colegas, amistoso com os clientes e empenhado no que está fazendo, esses são valores.

Por que valores são tão importantes?

Auschwitz foi o maior campo de concentração nazista. Mal podemos imaginar o que aconteceu lá: torturas e abusos terríveis, degradação humana extrema, mortes incontáveis por doenças, violência, fome e nas câmaras de gás. Viktor Frankl, um psiquiatra judeu, sobreviveu aos horrores de Auschwitz e de outros campos e os descreveu em detalhes no livro *Em busca de sentido: um psicólogo no campo de concentração.*

Uma de suas revelações mais fascinantes é que, ao contrário do esperado, aqueles que sobreviviam mais tempo não eram os fisicamente mais fortes ou adaptados, mas, sim, os mais conectados a um propósito. Se os prisioneiros conseguissem se conectar a algo que valorizassem, como o relacionamento com seus filhos ou um livro que quisessem escrever, a conexão se tornava uma razão para viver, legitimava todo aquele sofrimento. Os incapazes de fazer a conexão com algo de valor profundo logo perdiam a vontade de permanecer vivos.

O propósito pessoal de Frankl vinha de várias fontes. Por exemplo, ele valorizava profundamente a relação com a esposa e estava determinado a revê-la um dia. Muitas vezes, durante os turnos de trabalho na neve, com os pés feridos pelo gelo e o corpo curvado pela dor dos espancamentos brutais, ele evocava a imagem mental de sua mulher e pensava no quanto a amava. Esse amor era suficiente para fazê-lo continuar.

Outro valor de Frankl era a ajuda ao próximo e, assim, no tempo que passou preso, ele ajudou incansavelmente outros prisioneiros. Ouvia suas desgraças, retribuindo com palavras de carinho e inspiração, e cuidava dos doentes. Ele ajudava as pessoas a se conectarem com seus valores mais profundos, de forma que pudessem encontrar um sentido, um propósito. Isto lhes dava forças para sobreviver. Como afirmou o filósofo Friedrich Nietzsche, "quem tem *por que* viver pode suportar quase qualquer *como*".

Valores fazem a vida valer a pena

Viver dá trabalho. Todo projeto que importa requer esforço, seja criar filhos, reformar a casa, aprender kung fu ou abrir o próprio negócio. São todos desafios. Infelizmente, muitas vezes, diante de um desafio, desistimos ou o evitamos com medo da dificuldade. Aí é que entram nossos valores.

A conexão com os valores nos faz crer que o trabalho vale o esforço. Por exemplo, se damos valor ao contato com a natureza, vale a pena o esforço de organizar uma viagem para o campo. Se valorizamos nossos filhos, vale a pena passar o tempo brincando com eles. Se valorizamos a saúde, praticaremos exercícios regulares, a despeito de qualquer inconveniência. Os valores agem como motivadores. Podemos não querer fazer exercícios, mas o valor que damos à saúde nos leva a praticá-los.

O mesmo princípio se aplica à vida como um todo. Muitos pacientes me perguntam o que é a vida, ou não entendem por que não se entusiasmam com nada. Outros realmente acreditam que não têm nada a oferecer, e que talvez o mundo ficasse melhor se não existissem. "Às vezes, gostaria de ir para a cama e não acordar mais."

Pensamentos assim são comuns não apenas entre adultos com depressão, mas também no resto da população. Os valores são um antídoto poderoso, uma forma de conferir propósito, sentido e paixão à vida.

IMAGINE-SE COM OITENTA ANOS

Eis um exercício simples para fazê-lo descobrir seus valores. Peço que dedique alguns minutos para registrar por escrito ou pensar sobre suas respostas. Dica: o proveito será maior se você escrever suas respostas.

Imagine-se com oitenta anos, olhando para o passado. Em seguida, finalize as seguintes sentenças:

- Gastei tempo demais me preocupando com...
- Gastei muito pouco tempo fazendo coisas como...
- Se pudesse voltar no tempo, o que eu faria de diferente seria...

• • • • •

Como foi? Para muitas pessoas, esse simples exercício serve de alerta. Ele aponta uma diferença bem grande entre aquilo que *valorizamos* e o que *fazemos*. No capítulo seguinte, vamos explorar os seus valores. Por enquanto, fique com um trecho muito conhecido de *Em busca de sentido*:

> Nós que vivemos nos campos de concentração podemos nos lembrar de homens que andavam pelos alojamentos confortando a outros, dando o seu último pedaço de pão. Eles devem ter sido poucos em número, mas ofereceram prova suficiente de que tudo pode ser tirado do homem, menos uma coisa: a última das liberdades humanas — escolher sua atitude em qualquer circunstância, escolher o próprio caminho.

Capítulo 25
A PERGUNTA ESSENCIAL

Lá no fundo, o que você *realmente* deseja? Muitas vezes, quando faço essa pergunta, as respostas costumam ser:

- "Eu quero ser feliz."
- "Eu quero ser rico."
- "Eu quero ser bem-sucedido."
- "Eu quero ser respeitado."
- "Eu quero um ótimo emprego."
- "Eu quero casar e ter filhos."

Todas podem ser verdadeiras, mas não são "profundas", consideradas de forma atenta. Neste capítulo, vamos mais fundo, para conectar sua alma e seu coração, considerar *realmente* o que é importante para você. O que você quer representar na vida? Como quer ser visto?

Lembre-se: valores são os desejos mais profundos do seu coração, a forma como deseja interagir e se relacionar com o mundo, com outras pessoas e com você mesmo. Valores descrevem *o que* você deseja fazer e *como* deseja fazê-lo — como quer se comportar em relação aos amigos, à família, aos vizinhos, a seu corpo, a seu ambiente, ao trabalho etc.

O exercício a seguir é uma adaptação do trabalho dos psicólogos Kelly Wilson e Tobias Lundgren. Nosso foco está em quatro importantes domínios: relacionamentos; trabalho/educação; lazer; crescimento pessoal/saúde. Tenha em mente que nem todos têm os mesmos valores, e este não é um teste para averiguar se você tem os valores "certos". Não há certo ou errado, bom ou ruim. O que você valoriza é o que valoriza — ponto final! Além disso, peço que responda como se não existissem obstáculos no caminho, nada que o impeça de agir como quer.

Alguns valores podem se sobrepor. Por exemplo, se praticar esportes é importante para você, deve constar nas categorias Lazer e Crescimento pessoal/Saúde. Lembre-se de que valores não são metas. Valores são *ações contínuas* — o que você deseja continuar fazendo para o resto da vida. Por exemplo, viajar com os filhos nas férias é uma meta. Ser um pai amoroso é um valor. Mais adiante, quando souber quais são os seus valores, chegaremos ao estabelecimento de metas.

Para finalizar, é preferível que você anote suas respostas. A escrita força a concentração e ajuda a memorizar suas respostas. Se, no entanto, não se dispuser a escrever, pelo menos *pense seriamente* sobre elas.

Ao responder o questionário, é importante lembrar que sentimentos não são valores. Se escrever "desejo me sentir confiante" ou "quero ficar feliz", esses não são valores. Valores são algo que você queira *fazer*, não *sentir*. É preciso se perguntar: "Se *realmente* me sentisse assim — se realmente me sentisse feliz ou relaxado, confiante, seguro, amado, respeitado, admirado —, então o que *faria* diferente? Como *agiria*? Quão diferente seria meu comportamento? O que faria de mais ou de menos?" Suas respostas, então, revelarão seus valores básicos.

QUESTIONÁRIO SOBRE VALORES

1. Relacionamentos

Aplica-se a relacionamentos com parceiros, filhos, pais, demais parentes, amigos, vizinhos, colegas de escola, trabalho ou esporte, e todos os demais relacionamentos sociais.

- Que tipo de relacionamento você quer construir?
- Como deseja se comportar nesse relacionamento?
- Que qualidades pessoais quer desenvolver?
- Como trataria os outros caso fosse seu eu ideal?
- Que tipo de atividade gostaria de ter com essa pessoa?

Repare que as perguntas acima são *todas sobre você*, como *você* gostaria de ser e como *você* gostaria de participar desses relacionamentos. Por quê? Porque o único aspecto de uma relação sobre o qual você tem controle é o seu próprio comportamento. Você não tem controle algum sobre o que o outro pensa, sente ou como se comporta. É claro que pode *influenciar*, mas não pode *controlar*. A melhor forma de influenciá-los é com as suas ações: o que você faz com seus braços, suas pernas e sua boca. Evidentemente, tais ações serão mais eficazes se forem coerentes com seus valores. Por exemplo, em qualquer relação, você pode reivindicar mudanças e estabelecer limites. Será muito mais eficaz se fizer isso se comportando idealmente, e não gritando, berrando, chorando, ameaçando ou manipulando. Esse princípio se aplica a todos os seus relacionamentos, seja com amigos, família, colegas, funcionários, seja com qualquer um que venha a conhecer. Lembre-se da regra de ouro: trate os outros como gostaria de ser tratado.

Às vezes, como resposta, as pessoas descrevem amigos ou parceiros que desejam ter, mas essas são metas, não valores. Para chegar aos valores, é preciso perguntar: "Se eu tivesse esse tipo de parceiro ou amigo, como me comportaria? Que qualidades traria para o relacionamento?" É claro que pode ser útil pensar em que tipo de pessoa gostaria de ter na sua vida, porque assim você pode estabelecer a meta de sair e encontrá-la. Porém, enquanto isso não acontece, você pode fazer o seu melhor nas relações que tem agora, incorporando seus próprios valores. Se o outro, seja qual for o relacionamento, se mostrar hostil, ofensivo ou tratá-lo mal de alguma forma, você precisará considerar seus valores em relação a autoafirmação e amor-próprio. Em alguns casos, talvez tenha até que terminar o relacionamento.

2. Trabalho/Educação

Aplica-se ao seu local de trabalho e carreira e à sua formação. Poderá incluir também trabalho voluntário e outras formas de trabalho não remunerado.

- Que qualidades pessoais gostaria de trazer para o trabalho ou para a sala de aula?
- Como se comportaria em relação a seus colegas, funcionários, usuários, clientes ou colegas de classe se você fosse o eu ideal?
- Que tipo de relacionamentos deseja construir no local de trabalho ou estudo?
- Que habilidades, conhecimentos ou qualidades pessoais quer desenvolver?

Às vezes, as pessoas descrevem empregos, carreiras ou cursos ideais, mas, de novo, estão descrevendo metas, não valores. Para chegar aos seus valores, é preciso perguntar: "Se eu tivesse o trabalho e a carreira que procuro ou fizesse o curso tão desejado por mim, que comportamento teria? Que qualidades pessoais gostaria de levar na empreitada?" Naturalmente, se não gosta do seu trabalho ou curso atual, faz sentido começar a procurar um trabalho ou curso mais satisfatório. Enquanto isso, pode fazer o seu melhor no trabalho ou curso que tem agora, incorporando os seus valores. Lembra-se do Fred, no capítulo anterior?

3. Crescimento pessoal/Saúde

Aplica-se a atividades destinadas a aprimorar seu desenvolvimento como ser humano, em termos físicos, mentais e emocionais. Aqui podem ser incluídas atividades espirituais ou religiosas, psicoterapia, recuperação de vícios, meditação, ioga, contato com a natureza, exercícios, alimentação, trabalho voluntário, criatividade, envolvimento em causas políticas ou ambientais e seu posicionamento diante de questões como o tabagismo.

- Que atividades de caráter contínuo gostaria de começar ou retomar?
- De que grupos ou instituições gostaria de participar?
- Que tipo de mudança de estilo de vida gostaria de fazer?

4. Lazer

Aplica-se a como você se diverte, relaxa, se estimula, a seus hobbies, esportes, atividades artísticas ou outras que se destinem ao descanso, à recreação, à diversão, à estimulação mental e à criatividade.

- Que tipos de hobbies, esportes ou atividades de lazer deseja praticar?
- Como quer relaxar ou se divertir de forma saudável, estimulante?
- Que tipos de atividades gostaria de iniciar ou retomar?

Tiro ao alvo

Se você já escreveu seus valores ou, pelo menos, pensou sobre eles, é hora de atingir o "alvo", uma ferramenta desenvolvida pelo psicólogo sueco Tobias Lundgren. Primeiro, leia todas as respostas dadas acima (ou lembre-se delas). Em seguida, marque com um X cada quadrante do alvo de dardos na página seguinte, representando onde você se encontra hoje. Um X "na mosca", no centro do alvo, significa que você está vivendo segundo seus valores naquela área da vida. Um X longe do centro significa que você está muito distante de uma vida segundo seus valores. Uma vez que são quatro áreas consideradas, você deve assinalar quatro "X" no quadro.

Tiro ao alvo

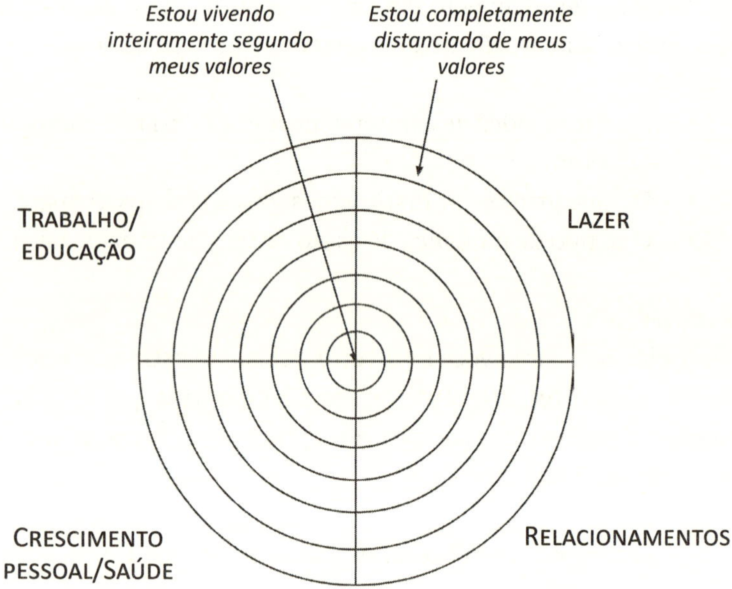

Então, o que o exercício diz sobre o que importa para você e o que você anda negligenciando, evitando ou perdendo? Sentiu dificuldades para preencher o diagrama? Ele trouxe pensamentos e sentimentos desagradáveis? Muitas vezes, ao nos conectarmos com nossos valores, nos damos conta de que os temos negligenciado por muito tempo, o que pode ser doloroso. Mas não é desculpa para se martirizar! A verdade é que todos nós perdemos contato com nossos valores de vez em quando e ficamos na defensiva. É inútil remoer, porque não podemos fazer nada para mudar o passado. O importante é nos conectarmos *aqui e agora*, usando os valores para orientar e motivar nossas ações *daqui por diante*. Portanto, se sua mente começar a martirizá-lo, somente agradeça.

Talvez você tenha reparado que pulou partes do exercício ou evitou responder algumas perguntas, por ter se fundido com pensamentos inúteis como "é muito difícil", "não posso ser perturbado", "não sei se estes são meus verdadeiros valores" ou "isso só vai me trazer decepção". Se for o seu caso, leia todo o capítulo seguinte. Terminada a leitura, retome a atividade. Se, por outro lado, estiver plenamente satisfeito com o exercício, pode passar direto para o capítulo 27.

Hora de refletir

Agora é hora de reler as respostas e refletir sobre elas. Pergunte-se:

- Quais dos valores anteriores são os mais importantes?
- Quais deles estão de fato norteando minha vida?
- Quais estão sendo mais negligenciados?
- Quais precisam ser trabalhados imediatamente?

Escreva suas respostas e guarde-as. Vai precisar delas depois.

A vida gira em torno de relacionamentos — com outras pessoas, com nós mesmos, com nosso corpo, com o trabalho, com o meio ambiente. Quanto mais você age de acordo com seus valores, melhor serão esses relacionamentos e, portanto, mais agradável e recompensadora será sua vida.

Nos próximos capítulos, veremos como você pode usar os valores para estabelecer metas intencionais, imprimir significado e alcançar a realização. Por ora, reflita um pouco mais. Converse sobre os valores com amigos ou outras pessoas queridas. Escreva mais sobre eles e procure oportunidades para agir de acordo com eles no seu cotidiano.

Capítulo 26
RESOLVENDO PROBLEMAS DE VALORES

Os demônios estão inquietos. Sabem que você está armando alguma, traçando um novo rumo, planejando levar o barco para a costa. Abaixo estão alguns daqueles que podem tentar interceptá-lo.

"NÃO SEI SE ESTES SÃO MEUS VERDADEIROS VALORES"

Esse é um demônio sorrateiro, que procura minar sua confiança, fazendo-o duvidar de suas respostas. Lide com ele respondendo às seguintes perguntas:

1. Se houvesse um milagre e você automaticamente contasse com a total aprovação de todos aqueles que lhe são queridos e, portanto, não estivesse tentando agradar ou impressionar ninguém, o que faria e que tipo de pessoa tentaria ser?
2. Se não fosse guiado por julgamentos e opiniões alheias, o que faria de diferente?

As questões acima pretendem ajudá-lo a esclarecer o que realmente deseja, para que viva segundo seus próprios valores, e não os de outros. As três questões seguintes pedem que você pense na sua morte para esclarecer o que é importante na vida.

1. Se, durante seu funeral, você pudesse ouvir, o que gostaria que as pessoas que mais ama falassem sobre você? O que gostaria que pensassem?
2. Caso soubesse que tem apenas um ano de vida, quem gostaria de ser e o que gostaria de fazer?
3. Ao se ver preso num edifício prestes a desabar, sabendo que lhe restam poucos minutos, para quem ligaria e o que diria? O que sua resposta revela?

"NÃO SEI O QUE QUERO"

Se não está seguro do que quer, pergunte-se: Se pudesse escolher os valores que quisesse, quais escolheria?

Sejam quais forem, esses já serão seus! Por quê? Porque o fato de escolhê-los demonstra que já os valoriza!

"NÃO QUERO PENSAR SOBRE ISSO"

Se já fracassou muito, se frustrou e se decepcionou demais, é possível que sinta medo de reconhecer o que realmente quer, por achar que só terá mais sofrimentos. Se for o caso, lembre-se: passado é passado; acabou e não pode ser mudado. Entretanto, não importa o que tenha acontecido, você pode, agora mesmo, fazer mudanças que lhe permitirão criar um novo futuro. Portanto, faça os exercícios e, se surgirem sentimentos desagradáveis, respire através deles, acomode-os e permaneça concentrado nas perguntas.

"ISSO SÓ VAI ME TRAZER DECEPÇÃO"

Em geral, essa criatura dissimulada vem acompanhada por vários comparsas, como "se tentar, vou falhar", "não mereço nada melhor da vida" e "não consigo mudar". Lembre-se de que esses são apenas pensamentos. Portanto, agradeça, deixe-os circular e mantenha o foco nas respostas.

"NÃO POSSO SER PERTURBADO AGORA, FAÇO ISSO MAIS TARDE"

Você conhece essa criatura bem demais para acreditar nela. Sabe que esse "mais tarde" nunca virá. Agradeça e responda agora mesmo assim.

"MAS MEUS VALORES SÃO CONFLITANTES"

Esse demônio marca pontos porque é verdade que às vezes seus valores irão puxá-lo em direções opostas. Não permita, porém, que isso o impeça de agir. Isso significa apenas que precisará buscar um acordo: talvez tenha que se concentrar mais em um valor do que em outro. Por exemplo, há alguns anos, meu irmão mais velho ocupava um cargo importante que lhe exigia passar muito tempo longe de casa, devido a inúmeras viagens. Era um conflito de valores. Por um lado, ele valorizava ser um pai amoroso e queria passar o máximo de tempo possível com seu filho. Por outro, valorizava seu trabalho e, claro, o retorno financeiro. Valores conflitantes como esses são comuns e raramente existe uma solução perfeita para todos. O importante é chegar ao equilíbrio. Portanto, quando meu irmão viajava, ele telefonava para casa toda noite para ler, pelo telefone, uma história para o filho. Claro que não era o mesmo que estar presente, mas era um gesto amoroso ainda assim.

A verdade é que haverá momentos em que você precisará mesmo se concentrar mais em alguns aspectos da vida que em outros, o que exige de você um exame de consciência: O que é mais importante neste momento, considerando todas as preocupações conflitantes? Em seguida, decida-se por esse valor, em vez de perder tempo preocupando-se com o que pode estar descartando.

Há inúmeros outros demônios que tentarão dissuadi-lo, mas agora você já sabe que não passam de *palavras*. Deixe-os circular e continue se concentrando onde precisa: na rota, na condução do barco, no prazer da viagem. Portanto, se não concluiu os exercícios do capítulo anterior, volte e faça isso agora mesmo. Se tiver terminado, siga em frente.

Capítulo 27
A VIAGEM DE MIL QUILÔMETROS

Você identificou seus valores e sabe o que realmente importa. E agora?

Bem, agora é hora de agir. Uma vida mais rica, plena e significativa não acontece espontaneamente só porque você identificou seus valores, mas mediante a ação guiada por eles. Reserve alguns minutos para refletir mais uma vez sobre o que é importante para você. Ao ler a lista abaixo, relembre mentalmente os seus valores em cada aspecto.

1. Família
2. Casamento e outros relacionamentos amorosos
3. Amizades
4. Trabalho
5. Educação e desenvolvimento pessoal
6. Lazer
7. Espiritualidade
8. Vida comunitária
9. Meio ambiente
10. Saúde e físico

Agora se pergunte: em quais dessas áreas você está mais distante dos seus valores? Se forem muitas, ou todas, considere qual delas se destaca, para ser trabalhada imediatamente.

É importante começar com apenas uma, porque se tentar fazer muitas mudanças simultâneas, sentirá muita pressão e acabará desistindo. Ao longo do tempo, é claro, a ideia é trabalhar todas as áreas importantes. Ao começar as mudanças, em geral elas já terão efeito nos demais aspectos. É como um efeito dominó. Portanto, uma vez identificada a área a ser trabalhada, é hora de estabelecer metas significativas.

Estabelecendo metas significativas

Desculpe a chateação, mas preciso enfatizar mais uma vez a importância do registro por escrito das suas respostas. Pesquisas mostram que a probabilidade de agirmos em função de metas que registramos por escrito é maior do que se apenas pensarmos nelas. Peço, então, em nome de uma vida melhor, que deixe o livro de lado e pegue papel e caneta!

1º PASSO: SINTETIZE SEUS VALORES

Escreva uma descrição sucinta dos valores que vai trabalhar. "Na área da família, quero ser aberto, honesto, amoroso e apoiador."

2º PASSO: ESTABELEÇA UMA META IMEDIATA

"O que posso fazer que seja simples, imediato e coerente?" É sempre melhor reforçar a confiança, começando por uma meta pequena, fácil, algo que possa ser realizado de cara. Por exemplo, se seu valor é ser um parceiro dedicado, sua meta pode ser ligar para a sua mulher na hora do almoço para dizer que a ama.

Ao estabelecer metas, é importante ser específico. Por exemplo, decida nadar trinta minutos, duas vezes por semana, e não apenas "se exercitar mais". Especifique quando e onde. Se vai correr, planeje para que seja no parque logo depois do trabalho na quarta-feira. Isso é específico.

Metas pequenas e fáceis ajudam a derrotar o demônio do "é difícil demais", que, sem dúvida vai dar as caras agora. Além disso, é sempre útil lembrar-se do provérbio chinês atribuído ao grande filósofo Lao-Tsé: "Uma viagem de mil quilômetros começa com um único passo."

3º PASSO: ESTABELEÇA METAS DE CURTO PRAZO

"Que pequenas coisas, coerentes com esse valor, posso fazer nos próximos dias e semanas?" Lembre-se: seja específico. Que ações pretende empreender? Quando e onde? Por exemplo, no trabalho, se para você é importante ajudar os outros, e seu atual emprego oferece poucas oportunidades para isso, uma das suas metas pode ser: "À noite, durante toda esta semana, entre nove e dez horas, vou procurar em classificados na internet um emprego mais significativo" ou "Amanhã de manhã vou procurar um orientador vocacional".

4º PASSO: ESTABELEÇA METAS DE MÉDIO PRAZO

"Que desafios maiores, a serem estabelecidos nas próximas semanas e meses, me conduzirão na direção dos meus valores?" Novamente, seja específico. Por exemplo, se seu valor for a saúde, a meta de médio prazo pode ser: "Três noites por semana farei o jantar usando receitas de um livro de refeições saudáveis" ou "Vou fazer uma caminhada de vinte minutos, todas as manhãs".

5º PASSO: ESTABELEÇA METAS DE LONGO PRAZO

"Quais os grandes desafios a serem estabelecidos nos próximos anos que me conduzirão na direção dos meus valores?" Aqui você pode ousar, pensar grande. O que gostaria de alcançar nos próximos anos? Onde gostaria de estar daqui a cinco anos? Metas de longo prazo podem incluir qualquer situação, desde uma mudança de carreira até uma volta ao mundo de veleiro. Sonhe.

Não estabeleça metas mortas

Jamais fixe metas negativas, como parar de comer chocolate ou deixar a depressão. Qualquer meta que envolva *não* fazer algo ou *parar* de fazer algo é uma meta morta. Para convertê-la em uma meta digna, você precisa se perguntar: "Se eu não estivesse mais fazendo isso ou me sentindo assim, o que *estaria* fazendo?" Por exemplo, suponha que, se parasse de fumar, você pudesse caminhar depois do almoço, respirar o ar fresco. Tudo bem, então esta será a sua meta, e não parar de fumar. Depois do almoço, em vez de acender um cigarro, saia para uma caminhada.

Imagine-se agindo com eficácia

Este livro se aprofundou bastante no lado escuro da mente: os problemas que acontecem quando nos fundimos com pensamentos e imagens inúteis. A fusão, porém, pode ser muito útil, no contexto apropriado. Por exemplo, nos esportes profissionais, grandes competidores utilizam a técnica conhecida por "visualização" para aprimorar seu desempenho. Eles imaginam um desempenho excelente. Veem-se alertas, concentrados, empregando suas habilidades da melhor maneira possível, e esse processo de treinamento mental de fato melhora o desempenho real.

Sim, claro, você adivinhou: é hora de fazer o mesmo. Uma vez estabelecida sua meta, feche os olhos e passe alguns momentos se imaginando, vividamente, executando aquela ação. Faça-o da maneira que julgar mais natural. Alguns conseguem compor quadros mentais nítidos, mas outros imaginam melhor com palavras, sons ou sentimentos. Tente se ver, sentir e ouvir agindo para alcançar sua meta. Repare no que diz e no que faz. Mantenha-se assim até que as ações fiquem claras. Se a mente tentar interrompê-lo, agradeça e continue o exercício.

A maior parte dos livros sobre visualização ou treinamento mental estimula você a se imaginar relaxado e confiante. Aconselho o contrário, por se tratarem de sentimentos sobre os quais você tem pouco controle. Se sua meta for desafiadora, é improvável que fique realmente relaxado e confiante. É bem mais fácil ter sentimentos de ansiedade e hesitar. Sugiro que, durante os treinos mentais, se concentre naquilo que pode controlar: suas ações. Imagine-se dando o melhor de si, dizendo e fazendo aquilo que será eficaz. Imagine-se também criando espaço para pensamentos ou sentimentos que venham a surgir e depois continuando a agir, não importa o que sinta.

É útil praticar várias vezes, sempre que fixar novas metas. É claro que isso não vai garantir a execução delas, porém ficarão mais concretas. Largue o livro agora, feche os olhos e, por alguns minutos, imagine-se empreendendo uma ação eficaz.

Exemplos de fixação de metas

Lembra-se de Soula? Ela fez aniversário e se sentiu triste e solitária por estar solteira ainda, enquanto suas amigas tinham relacionamentos estáveis. Soula queria ser amorosa, zelosa, franca, sensual e divertida. Entretanto, por não ter um parceiro, sua principal meta era arranjar um. Suas metas de curto prazo incluíam pesquisar agências de namoro e pedir aos amigos que marcassem encontros às cegas para ela, com desconhecidos. As metas de médio prazo incluíam a *inscrição real* em uma agência de namoro e *realmente sair* com desconhecidos.

Lembra-se de Donna, que perdeu o marido e a filha num trágico acidente? Assim que deixou de lado a bebida alcoólica, viu-se diante da tarefa de reconstruir a vida. Emagrecera demais, e o corpo estava em péssimas condições. Começou, então, pela área da saúde, fixando metas de curto prazo, como a escolha de um almoço saudável e uma hora razoável para dormir. As metas de médio prazo incluíam a matrícula numa aula de ioga e caminhadas nos finais de semana.

E Michelle, aquela que ficava até mais tarde no trabalho? Uma vez identificado o desejo de passar mais tempo com a família, ela começou a dizer "não" às horas extras, e passou a sair do escritório num horário mais conveniente. Ela valorizava a maternidade, estar com os filhos, passar um tempo de qualidade com eles, envolvendo-se em atividades conjuntas, e não simplesmente oferecer sustento material. As metas pequenas incluíam ouvir atentamente o que eles diziam, em vez de se prender aos próprios pensamentos, e reservar uma hora, duas vezes por semana, para um jogo em família, como Banco Imobiliário ou Jogo da Vida. As metas de médio prazo foram organizar um piquenique ou passeios em família para a maioria dos fins de semana. A meta de longo prazo foi levar os filhos à Espanha.

Planos de ação

Uma vez identificadas as suas metas, você precisa decompô-las num plano de ação. Pergunte-se:

- Que pequenos passos são necessários para alcançar a meta?
- De que recursos preciso para dar esses passos?
- Quando, especificamente, vou empreender essas ações?

Por exemplo, se você valoriza a prática de exercícios e sua meta for frequentar uma academia três vezes por semana, o plano de ação incluirá matricular-se em uma, providenciar um uniforme ou vestimenta apropriada, planejar os dias de exercício e reorganizar sua programação semanal. Os recursos necessários incluirão dinheiro para a mensalidade e acessórios de ginástica. Em termos específicos: "Vou arrumar minha bolsa hoje à noite. Em seguida, farei a matrícula na academia amanhã depois do trabalho e, então, começarei as aulas."

Se não dispuser dos recursos necessários, você tem duas opções:

1. Altere sua meta. Por exemplo, se não tiver dinheiro para se matricular em uma academia, opte por correr em algum espaço público adequado.

2. Elabore um plano de ação para obter os recursos necessários. Por exemplo, faça um empréstimo.

Às vezes, o recurso de que precisa é uma habilidade. Por exemplo, se sua meta é melhorar um relacionamento, talvez precise aprender a se comunicar melhor. Se a meta for incrementar suas finanças, talvez precise aprender a investir seu dinheiro. Se for o caso, planeje conquistar essa habilidade. Que livros pode ler, que cursos pode frequentar?

Pegue papel e caneta (ou um *notebook*) e faça os exercícios. Mesmo que não tenha tempo para completá-los agora, pelo menos comece, nem que seja por cinco ou dez minutos. É impressionante: uma vez começando, muita coisa pode acontecer num curto espaço de tempo. Anote:

1. Seus valores.
2. Suas metas (imediatas e de curto, médio e longo prazo).
3. Seu plano de ação.

Pode parecer muito trabalho agora, mas quanto mais praticar — a partir dos valores para as metas e daí para as ações específicas —, mais natural vai parecer.

Parece forçado?

Valores? Metas? Planos de ação? Tudo isso não soa muito forçado? Organizado demais, detalhado demais, estruturado demais? O que aconteceu com a espontaneidade, com se deixar levar?

Infelizmente estas são as engrenagens que estruturam a vida e trabalham para que ela funcione bem. Há lugar para a espontaneidade, uma vez que seu barco estiver na direção correta. Primeiro, porém, você precisa escolher um rumo, usar mapa e bússola para traçar uma rota. E, é claro, não pode se esquecer de aproveitar a viagem.

A mudança acontece na hora. No momento em que você virar o barco em direção à costa, estará criando, com sucesso, uma vida significativa. A mente tentará dizer que o mais importante é chegar à costa, mas isso não é verdade. O mais importante é *navegar*. Quando estamos à deriva, sem rumo, não nos sentimos realmente vivos. A caminho da orla, ganhamos vida. Como disse a escritora Helen Keller, "a vida é uma aventura ousada ou, então, não é nada".

É claro que a costa em direção à qual rumamos pode estar muito distante, e talvez você leve semanas, meses ou até anos para chegar. Às vezes, quando chega lá, pode nem gostar do lugar. Logo, é melhor mesmo aproveitar a jornada. Olhe em volta, aprecie o que pode ver, ouvir, cheirar, tocar e provar. Quando tomamos uma direção a que damos valor, todos os momentos da viagem se tornam significativos. Portanto, envolva-se por completo em tudo o que fizer no trajeto. Pratique as habilidades de atenção plena, esteja aberto e interessado. Assim, a experiência será estimulante, gratificante e revigorante, mesmo quando a jornada for difícil.

Capítulo 28
A REALIZAÇÃO AO SEU ALCANCE

Na sociedade ocidental, tendemos a orientar nossa vida por metas. Ela gira em torno de realizações, e o sucesso, em geral, é definido em termos de status, riqueza e poder. Normalmente, não estamos muito conectados com nossos valores, e, portanto, podemos ser enredados com facilidade por metas que não são, de fato, significativas. Por exemplo, podemos ficar tão tomados pela ideia de ganhar dinheiro ou desenvolver a carreira que negligenciamos a família — a clássica síndrome do *workaholic*.

O aspecto mais destrutivo do foco total nas metas é a concentração em evitar pensamentos e sentimentos ruins. Conforme vimos, isso leva a um sofrimento ainda pior, gerando vício, autodestruição e um afastamento cada vez maior daquilo que realmente queremos.

Na TAC, defendemos uma vida focada em valores. Sim, fixamos metas, porque metas são essenciais para uma vida gratificante, mas elas são estabelecidas segundo valores. Portanto, as metas que buscamos são muito mais significativas, e a vida em si se torna muito mais recompensadora. Vivemos mais no presente e apreciamos o que temos. Assim, mesmo que estejamos indo em direção a uma meta, encontramos satisfação na vida que se apresenta naquele momento.

Pense assim: duas crianças estão sentadas no banco traseiro do carro, sendo levadas pela mãe para a Disneylândia, numa viagem de cerca de três horas de duração. Uma das crianças só tem um objetivo: chegar o mais rápido possível. Sentada na ponta do banco, seu estado é de frustração permanente. A cada dois minutos, pergunta: "Já chegamos?", "Estou de saco cheio", "Ainda falta muito?" O outro filho, no entanto, tem duas metas: chegar o mais rápido possível *e* aproveitar a viagem. Ele olha pela janela, repara nos campos cheios de vacas e ovelhas, olha fascinado os gigantescos caminhões que ficam para trás, acena pela janela para os simpáticos passantes. Não está frustrado, já que vive no presente, aprecia o lugar onde está, em vez de se concentrar no lugar aonde não chegou.

Se o carro quebrar no meio do caminho e eles nem conseguirem chegar à Disneylândia, qual das crianças terá feito a melhor viagem? Se conseguirem chegar, é claro que ambas serão recompensadas, mas, ainda assim, só uma delas terá gostado da viagem.

A vida focada em valores será sempre mais gratificante do que a vida focada em metas, porque permite aproveitar a viagem mesmo enquanto estivermos no meio do caminho. Vivendo com foco nos valores, é mais provável que você atinja suas metas. Por quê? Porque vai se assegurar de que elas sejam coerentes com seus valores.

Abundância

A conexão com seus valores e a ação fundamentada neles traz contentamento, realização e abundância, porque a vida oferece satisfação *imediata*. Por exemplo, suponha que você queira comprar uma casa. Essa é uma meta. Suponha, porém, que vai levar muito tempo até que consiga de fato comprar essa casa. Se acreditar na impossibilidade de uma vida rica e plena até ter conseguido, vai viver infeliz.

Portanto, se pergunte para que serve a sua meta e se ela trará a oportunidade de fazer algo significativo. Se a resposta for "sim", porque poderá cuidar melhor da sua família, você terá identificado um valor essencial. Cuidar bem da sua família é algo que pode fazer agora, de mil e uma formas. Por exemplo, cozinhando, lendo uma história para seus filhos ou abraçando seu marido ou sua mulher.

Não significa abrir mão das metas. Se quiser comprar uma casa, economize. No entanto, não é preciso esperar até comprar a casa para sentir a satisfação de cuidar da família.

Consideremos outro exemplo. Suponha que sua meta de longo prazo é ser um médico. A capacitação vai levar bastante tempo, e seria terrível passar dez anos da sua vida obstinadamente focado na meta, sem se sentir realizado. Portanto, se pergunte: "Para que serve essa meta? O que ela me permitirá fazer?"

Sua resposta pode ser "ajudar pessoas". Você identificou um valor básico. Ajudar os outros é algo que pode fazer imediatamente. Visite um parente idoso, doe dinheiro para uma causa humanitária, ajude um colega do curso ou faça trabalho voluntário.

Isso não quer dizer que vá desistir de ser médico, mas que, pelos próximos dez anos, enquanto estiver trabalhando nesse sentido, ainda conseguirá uma vida satisfatória de acordo com os seus valores.

"Mas e se a minha motivação não é ajudar pessoas, mas ficar rico?", você pode rebater. Bem, para os iniciantes, ser rico é uma meta, não um valor. Entretanto, para responder mais precisamente à questão, vou citar uma sessão que tive com Jeff. Ele era um empresário de trinta e poucos anos, com um bom padrão de vida, mas obcecado por dinheiro. Ficava cada vez mais angustiado, constantemente concentrado em todos os conhecidos que eram mais ricos do que ele. Perguntei:

Russ: O que você quer, de verdade?

Jeff: Para ser totalmente sincero, quero ser podre de rico.

Russ: É justo. Se fosse rico assim, o que poderia fazer?

Jeff: Muita coisa.

Russ: Por exemplo?

Jeff: Dar a volta ao mundo.

Russ: O que faria na viagem?

Jeff: Ficaria horas na praia, exploraria países exóticos, conheceria as maravilhas do mundo.

Russ: Por que é importante ficar horas na praia?

Jeff: É relaxante. É bom para desestressar.

Russ: O que você valoriza em países exóticos?

Jeff: Conhecer outros povos, experimentar novas culinárias, descobrir a arte e o trabalho artesanal.

Russ: Tudo bem. Agora, preciso deixar algo bem claro. Não estou, nem por um momento, sugerindo que desista da sua meta. Se quer ser rico, corra atrás, de verdade. Se quiser, podemos até passar algum tempo fazendo um *brainstorming* para ajudar você a chegar lá. Porém, lamentaria ver você passar os próximos dez anos angustiado por achar que tem que ficar rico para se sentir realizado. Veja bem, você identificou "relaxar" e "desestressar" como atividades que valoriza. Bem, há zilhões de maneiras diferentes para relaxar e desestressar agora mesmo, sem precisar ser rico. Você poderia tomar um banho quente, ouvir uma música, fazer ioga...

Jeff: É, mas eu gosto *mesmo* é de praia.

Russ: Claro. Faz sentido economizar dinheiro e planejar um feriado na praia. No entanto, não precisa ser rico para ter a satisfação de relaxar — é algo que você pode fazer todo dia. Isso vale para os outros valores. Por exemplo, se é importante para você saborear uma comida diferente, como poderia fazê-lo agora mesmo?

Jeff: Acho que poderia ir a um restaurante de comida estrangeira.

Russ: Sim, ou comprar alguns livros de receita.

Jeff: É, mas não é o mesmo que comer em outro país.

Russ: Não acho que seja. Só estou mostrando que se realmente valoriza a culinária estrangeira, não precisa esperar ser rico o bastante para viajar. O mesmo vale para os trabalhos artesanais. Se quisesse fazer isso imediatamente, seria possível?

Jeff: Eu poderia visitar galerias?

Russ: Exatamente. Ou museus, ou feiras da região. Poderia ler sobre o assunto, pesquisar na internet.

Jeff: É, mas não seria o mesmo que...

Russ: Eu sei. De novo, se o seu desejo é viajar, faz sentido economizar e fazer planos. Só quero dizer que, se dá valor a relaxar, experimentar comidas diferentes e aprender sobre artesanatos raros, pode fazer isso agora. Não precisa viver apenas mentalmente. Vamos voltar à sua meta de ser rico. Por que é importante?

Jeff: Por que as pessoas admiram quem é rico.

Russ: Bem, não creio que seja sempre assim, mas vamos presumir que seja. Por que é importante que as pessoas o admirem?

Jeff: Elas me tratariam melhor, me respeitariam.

Russ: Suponhamos que as pessoas o tratassem bem, o respeitassem e o admirassem. O que você faria com isso?

Jeff: Acho que me sentiria mais à vontade, sem precisar impressionar ninguém. Poderia ser eu mesmo.

Russ: Então o que de fato valoriza é ser você mesmo?

Jeff: É. Só quero ser eu mesmo.

Russ: Tudo bem, mas você pode ser você mesmo agora, sem esperar até ficar rico?

Jeff: É mais fácil quando se é rico.

Russ: Talvez. Mas vai esperar ser rico para ter a satisfação de ser você mesmo?

Jeff: E se eu for eu mesmo, mas as pessoas não gostarem de mim?

Russ: Você quer passar a vida construindo amizades com pessoas que só gostam de você porque é rico?

Jeff: Não.

Russ: Que tipo de amizades quer construir?

Jeff: Amizades nas quais eu possa ser eu mesmo, aceito como sou.

Russ: Certo. Você quer ser você mesmo, então por que não começar agora, com as amizades que já tem? Pergunte-se: "O que poderia fazer ou dizer que seria coerente com o meu verdadeiro eu?"

Como pode ver, Jeff estava convencido de que precisava ficar rico para encontrar satisfação. Com o tempo, Jeff optou por viver segundo seus valores, e encontrou um profundo senso de realização, mesmo sem abandonar suas metas financeiras e comerciais.

Riqueza, fama e sucesso

O caso de Jeff está longe de ser único. Muitos querem dinheiro, fama e sucesso. Essas são metas, não valores. Para chegar aos valores que fundamentam uma meta, é preciso se perguntar para que serve a meta, o que ela permitirá que você faça de significativo.

Como no caso de Jeff, talvez você precise fazer essa pergunta várias vezes até encontrar seu valor básico. Pode ser que muitos fatores motivem seu sonho de fama, riqueza e sucesso. Uma das motivações mais comuns é obter a admiração e o respeito dos outros. Por que isso é importante? Porque, como disse Jeff, quando se tem isso, não é mais preciso tentar impressionar ninguém. Acabaria o medo da rejeição e isso o permitiria, então, ser você mesmo.

A maioria das pessoas vive com medo de que os outros as vejam como realmente são. Somos conduzidos pela ideia de que não vão gostar de nós se conhecerem nosso verdadeiro eu. O custo é enorme: acabamos desconectados daqueles à nossa volta e nossos relacionamentos ficam carentes de intimidade, profundidade e honestidade. Passamos a viver com uma máscara, tentando esconder quem somos. Vivemos de aparências para conseguir aprovação, amor ou amizade. Por quê? É simples: estamos fundidos com a história de não sermos bons o suficiente. A mente diz que precisamos ser ricos ou famosos ou bem-sucedidos para compensar nossas falhas, que só assim seremos aceitos ou amados. Estupidamente, nós acreditamos!

Se ser honesto é o seu valor, por que esperar a riqueza, a fama ou o sucesso? Por que não começar hoje mesmo? Deixe que as pessoas o conheçam. Seja sincero. Seja autêntico. Seja aberto. Que pequena coisa poderia fazer ou dizer que seria mais coerente com quem sou de verdade?

Comece sempre por metas pequenas, de curto prazo. Por exemplo, durante uma conversa ou debate, você pode expressar sua opinião real, e não aquela que acredita receber maior aprovação. Compartilhe o que realmente acontece na sua vida, em vez de fingir que tudo está perfeito. É claro que vai precisar aplicar a desfusão para superar a ideia de que ninguém vai gostar mais de você.

Outras motivações

Nem preciso dizer que existem muitas outras motivações na busca por riqueza, fama e sucesso. Porém, se você trabalhá-las, acabará chegando aos valores essenciais, segundo os quais você pode viver agora mesmo, sem esperar. Quer ficar rico para aprender a pilotar um helicóptero? O valor básico nesse caso pode ser aprender novas habilidades, ou o desenvolvimento pessoal, a diversão, ou até enfrentar seus medos. Todos são valores segundo os quais você pode viver aqui e agora, sem dinheiro e sem helicóptero.

Voltemos a Soula, cuja meta maior era encontrar um parceiro. Você ainda deve lembrar que ela estabeleceu metas pequenas, como se inscrever em uma agência de relacionamentos e sair com desconhecidos. Foram passos importantes. Entretanto, enquanto Soula acreditou que a vida não poderia ser satisfatória sem um parceiro, ela se predispôs a muito sofrimento. Pedi a ela que se conectasse aos valores que fundamentavam a meta. Como parceira, Soula queria ser amorosa, zelosa, aberta, sensual e divertida. Mostrei a ela que, mesmo não tendo ainda um parceiro, poderia agir segundo aqueles valores em outros segmentos da vida.

— Mas não é o mesmo que ter um parceiro — disse ela.

— Certo. Mas o que a ajudaria a ter uma vida completa: viver segundo seus valores aqui e agora ou ficar infeliz por uma meta que ainda não alcançou?

Soula entendeu o que eu queria dizer. Passou a ser mais amorosa e atenta com a família, mais aberta e divertida com os amigos e colegas. Decidiu também apostar na própria sensualidade, recorrendo a massagens regulares, banhos quentes reconfortantes e ao gosto pela literatura de cunho erótico. Resultado? Sua vida ficou bem mais gratificante, embora ainda não tivesse alcançado sua meta principal.

E quando alcançar minha meta?

A verdade é que, sejam quantas forem as metas que atingir, sempre haverá algo que deseje. Você sabe bem: consegue um novo cargo, altamente estimulante, mas quanto tempo dura a novidade? Quanto tempo até você querer algo novo? Ou você consegue o sonhado aumento de salário e adora ter todo aquele dinheiro extra, mas por quanto tempo vai vê-lo como "extra"? Ou talvez encontre o parceiro dos seus sonhos e se apaixone perdidamente, mas quanto tempo passa até perceber que ele ronca ou calça o mesmo par de meias por três dias seguidos?

Quando se leva uma vida focada em metas, não importa o que você tenha, nunca será o bastante. O que não acontece em uma vida focada em valores, porque seus valores estão sempre ao alcance, não importa a situação. (Lembre-se de Viktor Frankl, que viveu segundo seus valores, mesmo confinado em campos de concentração.)

Portanto, se está desolado por não ter alcançado determinada meta, eis o que fazer. Primeiro, encontre os valores que fundamentam a meta e faça a pergunta fundamental: qual pequena medida pode tomar imediatamente, em coerência com esses valores? Em seguida, vá e faça, com atenção plena.

Seus valores estão sempre com você, sempre disponíveis, e a lealdade a eles é, em geral, recompensadora. Quanto mais respeitar seus valores, maior será seu sentimento de realização. No próximo capítulo, aprenderemos a assumir essa atitude ainda mais seriamente.

Capítulo 29

UMA VIDA PLENA

Alguma vez já teve a oportunidade de admirar, extasiado, um pôr do sol flamejante, uma lua cheia esplendorosa ou as ondas do mar quebrando contra os rochedos? Nunca olhou com ternura nos olhos de seu filho ou de seu companheiro? Já sentiu o cheiro de uma torta no forno ou o perfume suave de rosas ou jasmins? Nunca ouviu, encantado, o canto de um pássaro, o ronronar de um gato ou a risada de uma criancinha?

Neste livro, já passamos muito tempo lidando com pensamentos e sentimentos desagradáveis, e muito pouco com os positivos. Foi proposital. Nossa sociedade, como um todo, e o movimento da autoajuda em particular, está tão concentrado em forçar sentimentos positivos que esse foco virou um componente da armadilha da felicidade. Quanto mais você centrar sua vida na busca por sentimentos agradáveis, mais terá de lutar contra o desconforto, criando e intensificando o círculo vicioso da luta e do sofrimento.

Todavia, todas as experiências e emoções positivas poderão ser produtos de uma vida significativa. Assim, só faz sentido aproveitá-las ao máximo se não cair na armadilha de torná-las sua principal meta. Cada dia traz uma imensidão de oportunidades para apreciar o mundo. A prática da atenção plena proporcionará o melhor da vida neste momento, até mesmo ao empreender as ações no sentido de mudá-la para melhor. Sempre ouvimos expressões do tipo "você é abençoado" e "pare e sinta o perfume das flores". São frases que indicam a riqueza da nossa vida. Estamos rodeados de maravilhas, mas infelizmente as assumimos mecanicamente. Portanto, seguem algumas sugestões para que você desperte e experimente a riqueza do mundo à sua volta:

- Ao comer, aproveite para saborear sua refeição. Deixe os pensamentos fluírem e concentre-se nas sensações no interior da sua boca. Na maior parte do tempo, quando comemos ou bebemos, não nos damos conta do que estamos fazendo. Considerando que comer é uma atividade prazerosa, por que não apreciá-la de forma lenta e completa? Em vez de devorar a comida, vá devagar. Você não veria um filme acelerando o tempo todo, por que fazer isso enquanto come?
- Na próxima chuva, preste atenção ao som que ela faz: ao ritmo, à altura dos sons, ao aumento e à diminuição do volume. Repare também nos curiosos desenhos formados pelas gotas nas vidraças. Quando a chuva parar, saia para uma caminhada e perceba a frescura do ar e as calçadas reluzentes, como se tivessem sido enceradas.
- No próximo dia de sol, reserve alguns minutos para aproveitar o calor e a luz. Repare em como tudo brilha: as casas, as flores, as árvores, o céu, as pessoas. Saia para uma caminhada, ouça os pássaros e repare no sol batendo em sua pele.
- Ao abraçar ou beijar alguém, ou mesmo ao apertar a mão, use sua atenção plena. Repare no que sente. Transmita calor e abertura.
- Da próxima vez que estiver feliz, calmo, satisfeito, alegre ou sentir outra emoção prazerosa, aproveite a oportunidade para perceber inteiramente a sensação

pelo corpo. Observe como está respirando, falando e gesticulando. Repare nos seus ímpetos, pensamentos, lembranças, sensações e imagens. Reserve alguns momentos para absorver, de fato, a emoção, para se surpreender por ser capaz de viver essa experiência. Porém, não tente se agarrar a ela.

- Veja com outros olhos aqueles que são importantes para você, como se nunca os tivesse visto antes. Seja seu parceiro ou parceira, seus amigos, sua família, seus filhos, seus colegas. Perceba como andam, falam, comem, bebem e se exprimem com a face, o corpo e as mãos. Repare nas linhas do rosto e na cor dos olhos.
- Pela manhã, antes de levantar, respire lenta e profundamente dez vezes e se concentre no movimento dos pulmões. Admire a sua vida, o oxigênio que os pulmões produziram durante toda a noite, mesmo enquanto você estava totalmente adormecido.

Ao agir com abertura, gentileza e aceitação, é provável que receba o mesmo em troca. Caso contrário, talvez precise descobrir com quem você realmente quer dividir seu tempo. À medida que suas relações se desenvolverem, aproveite-as o melhor possível. Desfrute das interações positivas. Certifique-se de estar presente. Se os pensamentos o deixarem à deriva, traga a atenção de volta para a pessoa com quem estiver.

Um grande emprego, um parceiro carinhoso, uma casa própria: essas são metas. À medida que trabalhar por elas, conecte-se com seus valores fundamentais. Descubra se está vivendo segundo eles, e aprecie a satisfação que isso traz.

Quando alcançamos metas coerentes com os valores, em geral temos algum tipo de emoção prazerosa. Perceba-a e aproveite. Até mesmo metas bem pequenas podem proporcionar grande satisfação. Por exemplo, me sinto ótimo quando arrumo minha mesa do escritório, quando preparo uma refeição saudável ou mando um e-mail curto para alguém que está distante. Aproveite esses sentimentos. É muito fácil perdê-los quando o eu pensante tenta distraí-lo.

O que importa é a conexão

Quando abrir os olhos e reparar no que antes tomava por certo, você perceberá mais oportunidades, ficará mais estimulado e interessado, mais satisfeito, e seus relacionamentos melhorarão. Gosto de dizer: *a vida faz mais por aqueles que fazem da vida o melhor*.

Depois de todo esse foco na emoção positiva, é hora de outro lembrete: não se apegue demais aos sentimentos "bons". Não concentre sua vida neles. Sentimentos agradáveis vão e vêm. Aproveite quando aparecerem, mas não se agarre a eles. Deixe que circulem.

Às vezes, a atenção plena é muito fácil, mas também pode ser extremamente difícil, especialmente lembrar-se de praticá-la. Steven Hayes diz que é como andar de bicicleta. Quando você está pedalando, há sempre a iminência do tombo, você está sempre alerta, mantendo o equilíbrio. Assim é a atenção plena: não importa a nossa concentração, nossos pensamentos vão nos tirar do aqui e agora de novo e de novo. Temos de sempre manter o prumo, percebendo que a mente ainda nos tira do equilíbrio. Lembra como foi difícil manter o equilíbrio quando começou a andar de bicicleta? E como ficou mais fácil com o tempo?

A vida é uma montanha a ser escalada: há trechos fáceis e outros muito complexos. No entanto, se você estiver aberto e interessado, os obstáculos vão ajudá-lo a aprender, crescer e se desenvolver, e, com o passar do tempo, suas habilidades de alpinista melhoram. É bem mais fácil ter atenção plena quando o caminho é fácil. Mesmo assim, quanto mais você encara as dificuldades com atenção plena, mais forte, mais calmo e mais sábio vai se sentir. É mais fácil falar do que fazer, mas você consegue. Principalmente depois de ler o próximo capítulo.

Capítulo 30
ENCARANDO A FERA

Como está se saindo? Empreendendo ações? Fazendo mudanças significativas? Se não, provavelmente se deparou com um dos quatro maiores obstáculos à mudança. São tão universais que chegam a formar uma sigla: FERA.

Fusão
Excesso de expectativas
Rejeição ao desconforto
Afastamento de seus valores

Vamos analisar um de cada vez.

Fusão

Assim que começar a fixar metas, a Rádio Ruína e Trevas vai iniciar a transmissão: "Não consigo fazer isto", "É muito difícil", "Estou perdendo meu tempo", "Não adianta tentar", com toda a sua lista de "sucessos". Se você se fundir a esses pensamentos, vai ter problemas.

A solução é usar suas habilidades de desfusão: perceba os pensamentos pelo que são na realidade, deixe-os ir e vir e redirecione seu foco para uma ação eficaz.

Excesso de expectativas

Talvez suas expectativas sejam excessivas e se manifestem de diversas formas:

1. Suas metas são muito ambiciosas. Você espera fazer muito e muito rapidamente.
2. Você espera alcançar metas, mas não possui as habilidades ou os recursos necessários.
3. Você espera fazer tudo com perfeição, sem cometer erros.

Quando suas metas são altas demais, você se sente pressionado, e é provável que desista. A solução é decompô-las em partes menores. Pergunte-se: "Qual o menor passo que posso dar para me aproximar da meta?" Comece por ele.

Depois refaça a pergunta para dar o passo seguinte. É como aquela velha piada: como se come um elefante? Com uma dentada por vez! Obviamente, se o seu referencial de tempo for irreal, precisará ampliá-lo.

Da mesma forma, se não tiver as habilidades necessárias para alcançar suas metas, vai precisar de tempo para aprendê-las. Não pode querer completar o Tour de France sem ter aprendido a andar de bicicleta. Se não dispuser de recursos — como tempo, dinheiro, saúde, energia, apoio, equipamento ou conhecimento —, terá que achar um jeito de encontrá-los. Caso não tenha como, na situação atual, terá que abrir mão dessa meta por enquanto e se fixar em outra mais realista.

Quanto aos erros, são parte fundamental da condição humana. Quase todas as atividades que hoje lhe parecem naturais — ler, falar, andar, pedalar — já foram muito difíceis. Quantas vezes um bebê cai sentado enquanto aprende a andar? Você aprende com seus erros. Aprende o que não fazer e como fazer diferente, e assim tornou-se mais eficaz. Os erros são parte essencial do aprendizado, portanto aceite-os. Deixe de lado a ideia de perfeição. Ser humano é bem mais gratificante.

Rejeição ao desconforto

Quanto mais tentarmos evitar o desconforto, mais difícil será fazer mudanças importantes. Mudança é risco. Ela requer que encaremos nossos medos e abandonemos nossa zona de conforto. Em geral, a mudança provoca sentimentos desconfortáveis.

Você já deve ter se dado conta do círculo vicioso que resulta da tentativa de escapar do desconforto. A única solução eficaz é a verdadeira aceitação — não se trata de tolerar nem de suportar o desconforto, mas aceitar. Portanto, pratique a expansão, crie espaço para o desconforto e concentre-se em uma ação eficaz.

É óbvio que tentar alcançar metas não gera só desconforto. Você terá também sentimentos agradáveis, como ânimo, curiosidade, prazer e a satisfação de finalmente alcançar seu objetivo. Entretanto, em geral, o desconforto vem primeiro!

Afastamento de seus valores

Não basta estabelecer seus valores — você precisa se conectar com eles regularmente. Precisa saber o que, no fundo, é importante para você, e se lembrar disso com frequência. Precisa também se assegurar de que suas metas são coerentes com seus valores. Assim, terá motivação, inspiração e um propósito.

No entanto, se estiver distanciado dos seus valores, fica fácil perder a força de vontade ou desistir. Quanto mais longe estiver deles, mais vazias parecerão suas metas, mais sem sentido e insignificantes, o que, obviamente, não motiva ninguém.

A solução? Conecte-se aos seus valores. Se ainda não tiver feito isso, anote-os. Leia a sua lista e modifique-a se for preciso. Compartilhe seus valores com alguém de confiança. Releia essa lista sempre. Logo ao acordar, reveja seus valores mentalmente. Ao final de cada semana, dedique alguns minutos para checá-los e perguntar a si mesmo se vem seguindo a direção do que mais importa para você.

De volta à fusão

Esta é a FERA: fusão, expectativas, rejeição e afastamento. Dos quatro obstáculos, a fusão é talvez o mais comum. Quando nos fundimos com pensamentos inúteis, os demônios crescem e ficam ainda mais horrendos. E o mais atemorizante é o que se chama "você vai fracassar!", que costuma aparecer acompanhado por vários comparsas: "Não adianta tentar", "Está perdendo seu tempo" e "Olha só quantas vezes já falhou no passado".

Se levarmos os demônios a sério e dirigirmos a eles toda a nossa atenção, o barco vai ficar à deriva. Portanto, quando surgirem, é útil lembrar a frase do escritor Henry James: "Até tentar, você não sabe do que não é capaz." Estabelecer metas é uma questão de possibilidade, não de certeza. Poucas coisas são certas neste mundo. Você não pode ter certeza nem de que vai estar vivo amanhã. Assim, nenhum de nós jamais estará seguro de alcançar nossas metas. Do que podemos ter certeza é que sem tentativa não há possibilidade de sucesso.

É óbvio que a mente não será influenciada por muito tempo. A ideia de desistir vai reaparecer. Portanto, você precisará detectá-la e desfundi-la.

Sua mente também vai contar uma porção de histórias do tipo "e se eu tentar e falhar?", "e se eu investir tempo, energia e dinheiro e não der em nada?", "e se eu me der mal?". Se você se deixar apanhar por histórias, perderá horas intermináveis discutindo consigo mesmo. Aceite as histórias, agradeça, deixe que transitem e aja. Faça escolhas com base no que realmente importa, em vez de ouvir os demônios. Fique alerta para pensamentos inúteis, especificamente aqueles conhecidos como justificativas.

Justificativas

A mente é muito eficaz em sugerir razões para não fazermos o que queremos fazer. Tome como exemplo uma atividade física. Na maior parte dos países ocidentais, mais de 40%

da população adulta está acima do peso. Ainda assim, quase todos nós valorizamos a saúde. Muitos a negligenciam, alguns quase o tempo todo, mas isso não quer dizer que não a valorizem. Significa apenas que não estão agindo a respeito. Faça a si mesmo essa simples pergunta: "O que preferiria: um físico saudável ou um físico debilitado?"

O fato é que a maioria preferiria comer melhor e ser menos sedentário. Então por que não fazem isso? Bem, a mente humana é especialista em apresentar razões contrárias e arrumar desculpas, como a falta de tempo, o cansaço, o frio, o calor.

Contudo, desculpas são apenas pensamentos, e pensamentos não controlam pensamentos. Surpreso? Ora, veja a sua própria experiência. Quantas vezes já lhe ocorreu que não conseguiria fazer algo e você fez mesmo assim? Quantas vezes pensou que ia fazer algo, mas acabou não fazendo? Quantas vezes pensou em tomar medidas drásticas, danosas ou prejudiciais e autodestrutivas, mas não o fez? É bom que nossos pensamentos não controlem nosso comportamento, ou estaríamos todos na cadeia, em camas de hospital ou mortos.

Numa demonstração de como os pensamentos não controlam seu comportamento, faça os seguintes exercícios:

1. Pense consigo mesmo: "Não posso coçar a cabeça! Não posso coçar a cabeça!", e ao mesmo tempo, levante o braço e coce a cabeça.
2. Pense consigo mesmo: "Vou fechar este livro! Vou fechar este livro!", mas mantenha o livro aberto.

Como se saiu? Sem dúvida percebeu que ainda podia executar as ações mesmo que a mente negasse. Isso demonstra que, embora os pensamentos possam *influenciar* suas ações, eles não as *controlam*. Quando é que *mais* influenciam? Quando você se *funde* neles. E quando *menos* influenciam? Quando você os *desfunde*.

Justificativas não são um problema, a menos que entremos em fusão com elas e as aceitemos como verdades absolutas ou comandos a serem obedecidos. Portanto, é importante compreender que justificativas não são fatos.

Um exemplo: "Não posso sair para correr porque estou muito cansado." No entanto, o fato de estar cansado o impede fisicamente de correr? Claro que não. Você pode estar cansado e ainda assim sair para sua corrida. Pergunte a qualquer atleta: eles vão dizer que às vezes se sentem cansados ou com preguiça e acabam fazendo grandes treinos.

"Não posso sair para correr porque uma lesão na coluna paralisou completamente minhas pernas." Essa não é uma justificativa. A paralisia das pernas impossibilita alguém fisicamente? Sim. Portanto, a afirmativa é um fato.

Justificativas são apenas desculpas que usamos para justificar o que fazemos ou não fazemos. Você pode se exercitar mesmo achando que não tem tempo, está cansado ou que faz muito frio ou calor? É óbvio que sim.

Sempre que precisar encarar um desafio, sua mente apresentará uma lista de justificativas para que não o faça. Não há problema nisso, desde que pensemos nessas justificativas como são: apenas desculpas.

Como distinguir uma desculpa de um fato?

Em geral, sabemos muito bem quando estamos só inventando desculpas — basta ser honesto. No entanto, caso tenha fixado uma meta válida e a mente ofereça uma justificativa para não alcançá-la, às vezes não fica tão claro. Se estiver genuinamente inseguro, se pergunte: "Se a pessoa que mais amo fosse sequestrada, e os bandidos me dissessem que não a libertariam até que eu agisse, eu o faria?" No caso de resposta afirmativa, você saberá que qualquer justificativa para não fazê-lo é uma mera desculpa.

"Ah, claro", você deve estar pensando. "Mas é uma pergunta hipotética. Na vida real, a pessoa não foi sequestrada."

Você está certo. No entanto, o que está em jogo no mundo real é algo igualmente importante: sua vida! Você quer fazer o que de fato importa para você? Ou quer viver à deriva, sem rumo, deixando seus demônios no leme?

"Tudo bem", diz você, "eu poderia perseguir essa meta, mas ela não é tão importante assim".

Você está sendo honesto consigo mesmo ou apenas embarcando em outro pensamento? Se a meta que evita não tem mesmo importância, ótimo, não tente alcançá-la. Certifique-se, porém, de enxergá-la à luz dos seus valores. Se a meta for algo que valorize, estará diante de uma escolha: agir de acordo com o que valoriza ou se deixar levar por pensamentos.

É preciso dar atenção especial ao seguinte pensamento: "Se isso fosse realmente importante, eu já estaria fazendo!" Essa é só mais uma justificativa disfarçada. O raciocínio é mais ou menos o seguinte: "Não tomei uma medida até agora, o que significa que não deve ser tão importante, o que significa que não é um real valor para mim, o que significa que não adianta investir nada ali."

Tal justificativa se fundamenta na falsa premissa de que os seres humanos agem naturalmente segundo seus valores. Entretanto, se isso fosse verdade, uma terapia como a TAC não seria necessária. O fato é que muitos não agem segundo os próprios valores por longos períodos: meses, anos, décadas. Os valores estão sempre lá, dentro de nós, não importa se estamos longe deles. Um valor é como o seu corpo: mesmo que tenha sido negligenciado por anos, ainda está aí, é parte essencial da sua vida, e nunca é tarde para conectar-se a ele.

Talvez você diga: "Mas não é assim tão fácil. As justificativas parecem tão convincentes." Claro. Elas parecem mesmo convincentes se você se fundir a elas. É preciso lembrar que são apenas pensamentos. Assim, terá como desfundi-las:

- Você pode percebê-las — dizendo para si mesmo: "Justificando" — e rotulá-las.
- Você pode agradecer à sua mente.
- Você pode reconhecer: "Estou tendo o pensamento de que..."
- Você pode fazer a pergunta do sequestro.
- Você pode dar nomes às histórias por trás das justificativas: história do "muito cansado" ou história do "sem tempo".
- Você pode simplesmente deixar que os pensamentos passem, enquanto sua atenção se mantém na ação.

Para onde agora?

Chegamos a um ponto crítico: você conhece seus valores e fixou metas; agora é hora de agir. A FERA é, em geral, a única limitação, e agora você já sabe lidar com ela. No entanto, ainda assim, você pode estar resistente. Por isso, vamos examinar neste instante um aliado poderoso na superação.

Capítulo 31
PREDISPOSIÇÃO

Suponha que esteja escalando uma montanha, de onde se avistam paisagens magníficas. Na metade do caminho, chega a uma escarpa muito íngreme, uma passagem estreita e pedregosa. Começa a chover, e você está com frio. Luta para subir com as pernas cada vez mais cansadas e a respiração já ofegante. Você, então, pensa: "Por que ninguém me disse que seria tão difícil?"

Você tem uma escolha: voltar ou seguir em frente. Se continuar, não vai ser por desejar sentir mais frio, ficar mais molhado ou mais cansado, mas porque anseia pela satisfação de chegar ao topo e se deleitar com a vista. Está disposto a suportar o desconforto não por *desejá-lo*, mas porque está entre você e o lugar aonde quer chegar.

Minha falta de disposição

Consegui a permissão de Steven Hayes para escrever este livro em julho de 2004. No entanto, só comecei o trabalho quatro meses depois. Por quê? Porque toda vez que pensava em começar, sentia uma imensa onda de ansiedade: estômago embrulhado, aperto no peito e o ímpeto de me manter o mais longe possível do computador. Pensamentos vagavam pela cabeça: "Está perdendo seu tempo; jamais será publicado", "Você nem sabe escrever", "Vai sair apenas um monte de bobagens". O pensamento mais perturbador era um fato: eu já havia escrito cinco livros, cada um deles consumira enorme quantidade de tempo e esforço, mas nenhum fora publicado. Infelizmente, fundi-me com todos esses pensamentos e evitei esses sentimentos. Como resultado, não escrevi uma só palavra.

No entanto, quanto mais adiava o projeto, mais insatisfeito ficava. Enchi-me de distrações: lia, ia ao cinema, comia chocolate. Tentava também me dizer que não havia pressa, eu tinha o resto da vida para escrever. Minha insatisfação, porém, só aumentava. Inteiramente consciente de que meus demônios estavam no leme, eu me sentia um perfeito hipócrita.

Afinal, passados quatro meses de crescente frustração, pensei comigo mesmo: disponho de tantos instrumentos e técnicas incríveis que utilizava com meus clientes todos os dias, com ótimos resultados. Por que não colocar em prática o que eu prego? Então, sentei e escrevi: "Qual é a minha meta?" Respondi: "Escrever um livro de autoajuda baseado na TAC." Em seguida, escrevi: "Que valores fundamentam essa meta?" E respondi: "Os valores básicos são: um desafio para mim mesmo, o crescimento pessoal ao encarar meus medos; ajudar pessoas (acima de tudo, o livro poderia ajudar muito mais gente do que eu jamais conseguiria com a terapia individual); sustentar minha família; servir de modelo dos princípios que defendo; desenvolver minha carreira e a criatividade."

Escrever tudo isso fez a diferença. Ficou claro para mim que, além de beneficiar outras pessoas, o livro seria bom para mim também. Mesmo que nunca viesse a ser publicado, traria aprendizado e crescimento, simplesmente por escrevê-lo.

Em seguida, registrei: "Que pensamentos, sentimentos, sensações e ímpetos me disponho a ter para alcançar esta meta?" É uma pergunta muito importante, que precisamos fazer repetidas vezes diante de desafios. Embora já tenhamos discutido o tema antes neste livro, é fundamental esclarecer realmente a palavra "predisposição". Predisposição não é o mesmo que gostar, querer, aproveitar, desejar ou aprovar, mas, sim, estar pronto para permitir, criar espaço ou se desapegar, a fim de conseguir fazer algo que realmente importa.

Se eu oferecesse uma série de injeções que farão seu cabelo cair e você vomitar muitas e muitas vezes, tenho certeza de que diria "não". Todavia, caso tivesse câncer e precisasse de quimioterapia, você aceitaria. Por que se disporia a passar por isso? Não por *gostar, querer* ou *aprovar*. Não, você o faria para continuar fazendo algo que valoriza: *viver*!

Predisposição é criar espaço para efeitos colaterais negativos, tais como pensamentos e sentimentos desagradáveis, para criar uma vida significativa. O que, por sorte, traz vários efeitos colaterais *positivos*. Porém, isso não implica meramente tolerar, "fechar os olhos" ou aguentar bravamente. Significa acolher a experiência, mesmo não gostando dela.

Suponhamos que você esteja em um relacionamento sério, amoroso, e que seu parceiro queira convidar os pais para um jantar. Você os detesta. Detesta suas roupas, seu perfume. Detesta suas opiniões, sua prepotência e arrogância. No entanto, esse jantar seria muito bom para seu companheiro. Se ele for realmente importante para você, vai convidar os pais, recebê-los calorosamente e deixá-los completamente à vontade, mesmo detestando-os. Isso é ter predisposição.

Predisposição no dia a dia

A predisposição é praticada por meio de pequenas formas no cotidiano. Por exemplo, quando vai ao cinema, você está disposto a pagar pelo ingresso. Você não quer pagar. Se alguém oferecesse um ingresso de graça, você não diria que prefere gastar seu dinheiro suado. Você se conforma em pagar porque quer ver o filme. Da mesma forma, ao sair de férias, você não deve gostar de fazer as malas, mas faz isso porque quer viajar.

A predisposição é essencial por ser a única maneira eficaz de lidar com obstáculos. Diante de um obstáculo, sempre se pode dizer "sim" ou "não". Dizendo "não", a vida fica estagnada. Dizendo "sim", ela se amplia. Se continuar dizendo "sim", não há garantia de que a vida vá ficar mais fácil, porque o próximo obstáculo pode ser até pior. Entretanto, dizer "sim" vira hábito e a experiência funciona como um reservatório de energia.

Mesmo que não *queira* dizer "sim", ainda assim você pode *escolher* dizer. Cada vez que faz essa escolha, cresce como pessoa.

Ao mesmo tempo, quanto mais você praticar a expansão e a desfusão, menor será o seu desconforto. Se pensar que vai fracassar, mas se dar conta de que os pensamentos são apenas palavras, será bem mais fácil aceitá-los. Quando você desliga o botão de briga, fica mais fácil conviver com seus sentimentos, porque eles não são amplificados.

Quando o botão de briga está ligado, você faz o possível para evitar ou se livrar de sentimentos desconfortáveis. Porém, quando o desconecta, você permite que fiquem ali. Em outras palavras, você fica *predisposto* a eles, ainda que não os *queira*.

A predisposição não tem níveis

A predisposição funciona na base do tudo ou nada, como a gravidez ou a vida. Ou se está predisposto ou não. Não existe meio-termo. "É impossível atravessar um abismo com dois saltos pequenos", diz um ditado oriental.

Procurando seu parceiro, Soula se inscreveu em uma agência de relacionamentos. Estava predisposta a criar espaço para sentimentos de vulnerabilidade, insegurança, ansiedade e para pensamentos como "estou perdendo meu dinheiro", "só vou encontrar gente esquisita e perdedores" e "se eu de fato encontrar pessoas 'legais', elas não vão gostar de mim". Sua predisposição lhe deu condições para continuar saindo e conhecendo homens interessantes.

Porque queria passar mais tempo com os filhos, Michelle estava predisposta a passar pela ansiedade de dizer “não” ao chefe, recusando-se a trabalhar além do expediente.

Determinada a abandonar o alcoolismo, Donna estava predisposta a sentir o luto pela perda do marido e da filha, deixando que sua tristeza viesse sem recorrer à bebida.

Kirk era advogado. Ao conectar-se aos seus valores, porém, se deu conta de que o trabalho não fazia mais sentido para ele. Escolhera o direito por desejar status e dinheiro, e também pela aprovação dos pais, ambos advogados. O que realmente queria, no entanto, era cuidar de pessoas, ajudá-las a crescer, aprender e se desenvolver. Acabou optando pela psicologia. Para tanto, predispôs-se a criar espaço para muito desconforto: perdeu dinheiro, gastou mais tempo estudando, arriscou a desaprovação dos pais, sentiu-se ansioso por não saber se tomava a decisão certa etc. Da última vez em que estive com Kirk, ele tinha se formado e amava a nova profissão. Entretanto, jamais teria conseguido nada sem a predisposição para acolher o desconforto.

Minha predisposição

Vamos lembrar como escrevi este livro. O passo que dei para superar minha inércia foi anotar meus pensamentos, sentimentos, sensações e ímpetos que estava predisposto a ter para alcançar minha meta. Pensamentos como: “É muito difícil”, “Não consigo escrever”, “Estou perdendo tempo” e “Jamais serei publicado”. Sentimentos como a ansiedade, o tédio e a frustração. Sensações como rigidez no maxilar, estômago embrulhado, mãos suadas e coração disparado. Ímpetos de fugir, brincar com o cachorro, dormir, comer ou beber, ler, consultar o dicionário, navegar na internet, ver televisão ou fazer qualquer atividade que não fosse escrever!

Colocar tudo no papel foi extremamente útil porque me ajudou a ter uma visão realista da situação e a me preparar para os demônios que enfrentaria. Assim, não haveria surpresas.

Em seguida, escrevi: "Algum desses pensamentos ou sentimentos seria imbatível até com a expansão e a desfusão?" A resposta foi negativa: "Se eu usar a desfusão e criar espaço para os sentimentos, conseguirei lidar com cada um deles."

A pergunta seguinte: "Do que não devo me esquecer nunca?"

Peguei um cartão em branco e anotei três citações:

> "Uma viagem de mil quilômetros começa com um único passo."
> — Lao-Tsé

> "O primeiro rascunho de qualquer texto é um lixo!"
> — Ernest Hemingway

> "Daqui a vinte anos, você estará mais decepcionado com aquilo que não fez do que com aquilo que fez. Portanto, livre-se das amarras. Navegue para longe dos portos seguros. Sinta o vento em suas velas. Explore. Sonhe. Descubra."
> — Mark Twain

Obviamente, são citações que se aplicam a qualquer empreitada significativa, não apenas à produção escrita. Considero-as reconfortantes e inspiradoras. Desde aquele primeiro dia, deixei o cartão ao lado do computador, onde pudesse ser lido sempre.

Mais adiante, escrevi: "Como posso decompor essa meta em passos menores?" A resposta foi: "Só preciso escrever um capítulo de cada vez. Na verdade, só preciso escrever um parágrafo de cada vez. Pensando melhor, só preciso escrever uma frase de cada vez." Quando percebi que bastava escrever uma frase por dia, minha ansiedade diminuiu consideravelmente. Escrever um livro é uma tarefa hercúlea. Escrever uma frase é bem mais fácil.

"Qual o menor passo com que posso começar?" "Escrever uma frase."

Por último, perguntei: "Quando darei esse primeiro passo?" "Agora mesmo!"

Assim, aos poucos, fui me forçando a começar. O embrulho no estômago era enorme. Portanto, examinei-o como se fosse um cientista. Percebi-o como um "bolo" começando logo acima da cintura e alcançando a base do tórax. Observei-o, respirei através dele e dei-lhe espaço, procurando manter em mente que não passava de uma sensação desagradável, associada ao ímpeto de fuga. Perguntei-me: "Estou disposto a passar por isso para alcançar minha meta?" A resposta veio em alto e bom som: "Sim!"

Então, dirigi a atenção para os pensamentos que rondavam minha cabeça: a Rádio Ruína e Trevas estava no volume máximo. Coloquei aqueles pensamentos em palavras, numa tela de televisão. Olhava para elas e as via do jeito que eram: palavras e figuras. Em seguida, permiti que circulassem livremente, enquanto me concentrava no texto.

Levei centenas e centenas de horas para escrever este livro e tive muitos pensamentos e sentimentos desagradáveis durante esse tempo. Tive também imensa satisfação por agir de acordo com meus valores, e muitos pensamentos e sentimentos extremamente prazerosos sempre que concluía um parágrafo, um capítulo, sempre que sentava para escrever mesmo sem vontade.

É claro que ainda não sei se o livro fará sucesso, mas aconteça o que acontecer, já ganhei só em escrevê-lo. Desenvolvi minhas habilidades como escritor, aprendi a simplificar conceitos para ensiná-los melhor, desenvolvi novas ideias para aprimorar meu trabalho, comprovei que a TAC funciona mesmo e tive a satisfação de viver segundo meus valores. Foi de longe muito mais gratificante que os quatro meses que passei evitando escrever.

Imagine como teria sido diferente se, ao escrever, meu único propósito fosse alcançar riqueza e fama. Não haveria satisfação e realização até que essa meta fosse atingida. Dada a improbabilidade desse resultado, se essa fosse minha única motivação, eu provavelmente teria desistido há muito tempo.

Pondo o preto no branco

Várias vezes no decorrer deste livro enfatizei a importância de escrever para esclarecer seus pensamentos, ajudar a memória consciente, melhorar a motivação. Portanto, recomendo que escreva um plano de ação, seguindo os passos abaixo, para ajudá-lo a alcançar qualquer meta que esteja adiando.

PLANO DE PREDISPOSIÇÃO E AÇÃO

Escreva suas respostas às seguintes perguntas.

1. Minha meta é...
2. Os valores que a fundamentam são...
3. Os pensamentos, sentimentos, sensações e ímpetos que estou disposto a ter para alcançar essa meta são...
4. Seria útil lembrar sempre que...
5. Posso decompor essa meta em passos menores, como...
6. O menor passo com que posso começar é...
7. A hora, o dia, enfim, o momento em que vou dar esse primeiro passo é...

Você pode perceber que a predisposição é extremamente importante, mas, isolada, ainda não é o suficiente para uma vida significativa. Falta uma peça final, que vai completar o quebra-cabeça.

Capítulo 32
PARA CIMA E PARA BAIXO

Quando você aprende a andar, sempre acaba tropeçando. Às vezes, consegue se aprumar; às vezes se esborracha no chão. Algumas vezes se machuca. O fato é que, desde o dia em que deu o primeiríssimo passo, você já caiu centenas de vezes — e, mesmo assim, em nenhum momento pensou em desistir de andar! Sempre se levantou, aprendeu com a experiência e seguiu em frente. É a esse tipo de atitude que nos referimos ao usar a palavra "comprometimento", o "C" da TAC. Você pode aceitar seus pensamentos e sentimentos, estar psicologicamente presente e conectar-se com seus valores, mas, sem comprometimento para agir, não construirá uma vida plena e significativa. Essa é, pois, a última peça — a que completa o quebra-cabeça. "Comprometimento", assim como "aceitação", é um termo malcompreendido. Comprometer-se não é ser perfeito, nunca se desviar. Comprometimento é se levantar, se recompor e seguir em frente.

A lenda do grande herói escocês Roberto I serve de exemplo. Aconteceu há setecentos anos, quando o rei da Inglaterra governava a Escócia. Ele era violento e cruel, e, já havia muitos anos, oprimia brutalmente os escoceses. Em 1306, Robert Bruce foi coroado rei da Escócia e colocou a libertação de seu país como prioridade. Logo depois de assumir, arregimentou um exército e lutou contra os ingleses na sangrenta batalha de Strath-Fillan. Infelizmente, o exército inglês era superior em contingente e armamento, e os escoceses foram derrotados.

Robert Bruce conseguiu escapar e se escondeu. Com frio, exausto e sangrando muito, sua desesperança era profunda. A vergonha e o desespero foram de tal ordem que pensou em deixar o país e jamais voltar.

Entretanto, deitado ali, olhou para cima e viu uma aranha, que tentava tecer sua teia de um ponto a outro da caverna. Uma tarefa difícil. Ela tecia um fio e o esticava. Depois, tecia outro e mais outro, indo e voltando. No entanto, em poucos minutos, uma forte rajada de vento desfazia a teia e atirava a aranha longe.

Contudo, a aranha não desistia. Quando o vento parava, ela subia novamente e recomeçava a tecer, do zero.

A cena se repetiu muitas e muitas vezes. No final, num intervalo maior sem vento, a aranha teve tempo suficiente para tecer uma estrutura firme e, na rajada seguinte, a teia estava forte o bastante para suportar o vento. A aranha venceu.

Robert Bruce ficou maravilhado e pensou que, se aquela criaturinha conseguia persistir, ele também conseguiria. A aranha virou seu símbolo de inspiração pessoal e ele criou o conhecido ditado: "Se não conseguir de primeira, tente de novo e de novo." Saradas as feridas, ele formou outro exército e continuou a lutar pelos oito anos seguintes, para finalmente derrotá-los em 1314, na batalha de Bannockburn — na qual seus próprios soldados eram minoria na proporção de dez para um.

É claro que Robert Bruce não sabia que seria bem-sucedido. Sabia apenas que a liberdade era tudo para ele. Enquanto buscasse a liberdade, sua vida teria valor. Estava, assim, predisposto a suportar todos os prováveis desgostos. Essa é a natureza do comprometimento: você nunca sabe se alcançará suas metas; só o que pode fazer é continuar na direção desejada. O futuro não está sob seu controle, mas, sim, a sua capacidade de continuar a viagem, passo a passo, aprendendo e crescendo enquanto progride, e de retomar o rumo sempre que cair no desvio. Como disse Winston Churchill: "O sucesso não é o final. O fracasso não é fatal. O que conta é a coragem de continuar."

Redefinindo o sucesso

Há um grande risco no relato de histórias inspiradoras. O perigo está na forma como definimos o sucesso. Seja em relação a artistas, médicos, atletas, executivos, políticos ou policiais, o sucesso costuma ser definido em termos de metas alcançadas. Se embarcarmos nessa definição limitada, estaremos condenados a uma vida centrada em metas, de frustração crônica pontuada por momentos fugazes de satisfação. Portanto, convido você a considerar uma nova definição: sucesso significa viver segundo valores.

Ao adotar essa definição, você pode ser bem-sucedido agora mesmo, tenha ou não alcançado suas metas. A realização está aqui, neste momento, sempre que agir em sintonia com os seus valores. Você estará livre da necessidade de aprovação alheia. Não precisará de alguém para lhe dizer que conseguiu, nem para confirmar que está fazendo a coisa certa. Você sabe que está seguindo seus valores, e isso basta.

Soula, Donna e os outros que conhecemos não são heróis como encontramos no cinema. Não conquistaram façanhas espantosas nem triunfaram sobre desastres monumentais. Todos, porém, foram bem-sucedidos em conectar-se com o coração e realizar mudanças significativas em suas vidas. É claro que, conforme afirmei antes, a vida segundo valores não significa abrir mão das metas, mas apenas mudar de ênfase, apreciando aquilo que temos hoje em vez de nos concentrarmos sempre no que ainda não possuímos.

Vale mencionar também que, em várias ocasiões, todos os pacientes citados "saíram dos trilhos". Todos perderam contato momentâneo com seus valores, se viram presos a pensamentos inúteis, lutaram contra sentimentos dolorosos e agiram de modo autodestrutivo. Entretanto, por estarem comprometidos, mais cedo ou mais tarde conseguiram retomar o caminho.

Veja Donna, por exemplo, que levou quase um ano para se recuperar por completo do alcoolismo. Durante muito tempo, ela só conseguia ficar longe da bebida por algumas semanas, e logo algo provocava uma bebedeira. O aniversário do acidente, o aniversário do funeral, o primeiro Natal após a morte do marido e da filha. Para Donna, eram ocasiões que evocavam muitas lembranças e sentimentos dolorosos e, com eles, vinha o ímpeto incontrolável de beber. Ela "esquecia" todas as habilidades aprendidas na terapia e apelava para o álcool.

No entanto, o tempo foi passando, e Donna foi melhorando. A primeira recaída aconteceu no dia do aniversário da filha, quando se entregou à bebida por uma semana. Na segunda recaída, foram apenas três dias. A terceira durou só um dia.

Donna aprendeu logo que não adianta se martirizar ao meter os pés pelas mãos ou fracassar no cumprimento dos passos. A autocrítica e a culpa não motivam ninguém, só nos mantêm empacados, presos ao passado. Portanto, depois de cada recaída, Donna retomava a fórmula da TAC:

T = Tome medidas eficazes.
A = Aceite seus pensamentos e sentimentos e *esteja presente.*
C = Conecte-se aos seus valores.

Na prática, o que isso significa? O primeiro passo, uma vez que você tenha se percebido fora do rumo, é reconhecer isso conscientemente e permanecer na situação. Ao mesmo tempo, é preciso aceitar que, uma vez que algo tenha acontecido, não é possível mudar. Não há como modificar o passado. Além disso, embora seja válido refletir sobre ele e pensar no que poderia ser feito da próxima vez, de nada adianta ficar remoendo o que já passou e se culpando pela imperfeição. Aceite que saiu dos trilhos, aceite que já passou e não há como mudar e aceite que você é humano.

O segundo passo é se perguntar: "O que quero fazer agora? O que posso fazer no presente?"

Evidentemente, o terceiro passo, então, é agir de acordo.

Tentar, tentar de novo?

O lema de Robert Bruce era: "Se não conseguir de primeira, tente de novo e de novo." Sem dúvida tem impacto, mas é só metade da história. A outra metade é que precisamos avaliar a eficácia do que fazemos. Um lema melhor seria: "Se não conseguir de primeira, tente de novo e de novo. Se ainda assim não conseguir, tente algo diferente."

No entanto, ainda permanece uma linha sutil a ser traçada. Sempre que se deparar com um desafio significativo, os demônios estarão no seu pé. A mente dirá que você não vai conseguir. A tentação é de desistir e fazer uma tentativa diferente. Apesar disso, muitas vezes a persistência é justamente necessária. Thomas Edison disse que "muitos fracassos são de pessoas que não perceberam o quão próximas estavam do sucesso quando desistiram". Suas habilidades de atenção plena vêm a calhar nesse momento. Preste total atenção ao que está fazendo e no impacto da sua atitude, e estará na melhor posição possível para responder à pergunta: "Para alcançar minhas metas, preciso persistir no meu comportamento ou modificá-lo?"

Em seguida, dependendo da resposta, empenhe-se em fazer o necessário.

Seja otimista

Como vimos no capítulo anterior, Soula se inscreveu numa agência de encontros. A princípio, foi um processo estranho, embaraçoso. A mente repetia que ela era uma fracassada e só encontraria outros fracassados. Entretanto, apesar das histórias pouco animadoras, Soula persistiu e, com o tempo, foi ficando mais à vontade.

Alguns de seus encontros foram mesmo desastrosos: alguns candidatos eram entediantes, arrogantes, machistas, egoístas ou apenas antipáticos. Por outro lado, também houve diversão: os sujeitos eram espirituosos, charmosos, inteligentes, atraentes e tinham a mente aberta. Era bastante aleatório. Ela chegou a sair com um homem por sete semanas, a se apaixonar perdidamente e a descobrir que estava sendo traída. Ficou arrasada, é claro, e, como todo ser humano, perdeu o rumo por um tempo. Por mais de um mês, voltou aos velhos hábitos: ficava sozinha em casa, isolava-se dos amigos, remoía obsessivamente sua solidão e tomava sorvete aos potes. Ainda assim, Soula percebeu o que estava fazendo e aplicou a fórmula básica da TAC.

O primeiro passo foi criar espaço para a tristeza e a solidão. Usou a desfusão para a ideia de que a vida não vale nada sem um parceiro, e decidiu se conectar ao presente. O segundo passo foi relembrar seu valor básico: o desejo de cultivar relacionamentos amorosos significativos. O terceiro passo foi agir de forma eficaz: voltou a passar tempo com os amigos e a família e a sair com pessoas novas.

Pouco tempo depois, Soula se apaixonou novamente. Infelizmente não deu certo: eles romperam porque Soula queria ficar noiva, mas ele não estava pronto para o compromisso.

Até o momento, a história de Soula ainda não teve final feliz. Quando estive com ela pela última vez, ainda continuava com os encontros. Porém, investia também em outras relações de afeto significativas, com amigos, família e consigo mesma. Embora isso não a livrasse do desejo de ter um parceiro, com certeza trouxe muita satisfação. Ainda por cima, ela conseguira trazer humor ao processo dos encontros. Aprendeu a vê-los como oportunidades para conhecer gente nova, descobrir novos eventos e aprender mais sobre os homens. Aproveitou os encontros como oportunidades para ter novas experiências, desde jogar minigolfe até andar a cavalo. Em outras palavras, o processo se tornou uma atividade valorizada, um meio de crescimento individual, e não uma provação dolorosa.

Na vida, encontramos diversos obstáculos, dificuldades e desafios e, sempre que surgem, temos uma escolha: podemos acolher a situação como uma oportunidade de crescimento, aprendizado e desenvolvimento, ou podemos lutar e fazer o possível para evitá-la. Um trabalho estressante, uma doença, um relacionamento fracassado: oportunidades de crescimento pessoal, de desenvolvimento de habilidades novas de lidar com problemas. Palavras de Winston Churchill: "Um pessimista vê dificuldade na oportunidade; um otimista vê oportunidade na dificuldade."

A TAC é uma abordagem otimista, cuja premissa é a de que, sejam quais forem nossos problemas, podemos aprender com eles; sejam as circunstâncias as piores possíveis, sempre podemos alcançar a realização de viver segundo os nossos valores. Não importa quantas vezes nos desviemos sempre podemos retomar o caminho e recomeçar do ponto em que paramos.

Opte pelo crescimento

Uma das ideias centrais deste livro é a de que vida e dor são inseparáveis. Mais cedo ou mais tarde, todos passamos por alguma dor, seja física ou emocional. No entanto, em toda circunstância dolorosa, há uma oportunidade de crescimento. Já conhecemos Roxy, a advogada de 32 anos com esclerose múltipla. Antes da doença, sua vida estava concentrada inteiramente no trabalho. O sucesso na carreira era tudo e, de fato, vinha se saindo muito bem, promovida a sócia, com um salário reforçado. A jornada de trabalho, porém, chegava a oitenta horas semanais. Ela se alimentava de "pratos feitos", se exercitava muito pouco e estava sempre cansada demais para passar tempo com os amigos e a família. Seus relacionamentos amorosos duravam pouco, porque não tinha tempo nem energia para investir. Roxy raramente encontrava uma folga para relaxar e se divertir.

A possibilidade de uma incapacitação grave ou de morte prematura mostrou a ela que a vida vai além do trabalho e do dinheiro. Ela entendeu que nosso tempo no planeta é limitado, e conectou-se ao que era mais importante para ela, de verdade, no fundo do coração. Cortou suas horas de trabalho, dedicou tempo aos que mais lhe importavam e começou a cuidar da saúde, nadando, fazendo ioga e sendo mais sensata na alimentação.

Roxy mudou também o relacionamento com os colegas de trabalho. Sempre fora tão orientada para o sucesso que nem prestava atenção aos eventos do escritório e, por isso, aparentava frieza e isolamento. Tinha começado agora a tratar os colegas de outro modo, demonstrando interesse por eles e por suas vidas fora do trabalho, e também deixando que conhecessem um pouco mais sobre sua própria vida. Os colegas retribuíram, e ela construiu verdadeiras amizades.

Ao acolher a dificuldade como oportunidade, Roxy enriqueceu sua vida e ganhou um significado bem maior. Claro que ela teria preferido não ficar doente, mas, já que isso não estava sob seu controle, decidiu tomar o rumo do crescimento pessoal.

Histórias como essa são mais comuns do que se imagina. Já vi muita gente receber diagnósticos graves — de câncer, doenças cardíacas, derrames cerebrais — e reavaliar por completo a vida. Porém, não precisamos esperar para ver a cara da morte. Podemos fazer mudanças expressivas quando quisermos, a qualquer momento. E quanto mais o fizermos, maior será nossa eficácia para criar uma vida significativa.

Capítulo 33

UMA VIDA COM SIGNIFICADO

Chegamos, então, ao último capítulo. Espero que a esta altura sua flexibilidade psicológica tenha aumentado e que esteja criando uma vida mais rica e significativa. Se for o caso, continue assim. Se não, é preciso descobrir por que não está funcionando e o que você pode fazer a respeito. Antes de prosseguir, vamos recapitular os seis princípios básicos da TAC:

1. DESFUSÃO

Reconhecer pensamentos, imagens e lembranças pelo que são — apenas palavras e figuras — e permitir que circulem livremente, sem combatê-los, fugir deles ou dirigir-lhes mais atenção do que merecem.

2. EXPANSÃO

Criar espaço para sentimentos, sensações e ímpetos e permitir que circulem livremente, sem combatê-los, fugir deles ou dirigir-lhes atenção demais.

3. CONEXÃO

Conscientizar-se plenamente de suas experiências no aqui e agora, com abertura, interesse e receptividade;

concentrar-se e empenhar-se por inteiro, independentemente do que se esteja fazendo.

4. EU OBSERVADOR

Uma parte sua que é transcendente, uma perspectiva a partir da qual pensamentos e sentimentos difíceis são observados, sem prejudicá-lo. A única parte de você que é imutável, está sempre presente e é protegida contra qualquer dano. Não tem propriedades físicas, é pura consciência.

5. VALORES

Esclarecer o que é mais importante para você: que tipo de pessoa quer ser, o que faz mais sentido para você, os ideais que você pretende representar.

6. COMPROMETIMENTO

Empreender repetidamente medidas eficazes de acordo com seus valores, sejam quantos forem seus desvios de rumo.

Os seis princípios básicos estão sintetizados na fórmula da TAC:

T = Tome medidas eficazes.
A = Aceite seus pensamentos e sentimentos e *esteja presente*.
C = Conecte-se aos seus valores.

Quanto mais viver segundo esses princípios essenciais, mais gratificante e realizada será a sua vida. No entanto, não acredite nisso só porque estou dizendo. Acredite na sua própria experiência. Se os princípios funcionarem para você, se lhe proporcionarem uma vida rica e plena, fará sentido incorporá-los.

Ao mesmo tempo, encare esse processo como uma escolha. Você não é obrigado a viver segundo esses princípios. Não há certo ou errado, bom ou ruim. Acolher esses princípios não vai torná-lo superior aos demais. Caso os ignore, não será inferior. Se pensar que *precisa* viver assim, passa a ser coerção, como se você fosse forçado a fazer algo que não quer fazer, o que não é agradável nem construtivo. Uma atitude assim só aumenta a pressão, o estresse e a ansiedade, e acaba levando ao fracasso.

Nosso modo de viver é uma escolha. Embora esses seis princípios possam transformar sua vida positivamente, é importante lembrar que não são os Dez Mandamentos. Apliquem-os se e quando decidir, e sempre com a intenção de enriquecer a sua vida. Não os transforme em regras que precisam ser obedecidas cegamente, sempre.

Tenho quase certeza de que em muitas ocasiões você vai "esquecer" o que aprendeu aqui. Será arrastado por pensamentos inúteis, lutará em vão contra seus sentimentos, de modo autodestrutivo. No instante, porém, em que reconhecer isso, poderá escolher mudar — se assim desejar, é claro. Novamente, é uma opção. Você não *precisa* fazer nada. Estou certo de que existirão situações em que você deliberadamente escolherá não usar esses princípios. Tudo bem. Não se esqueça de se conscientizar das escolhas que faz e dos efeitos que exercem em sua vida. Assim será mais provável que faça escolhas enriquecedoras.

Sentindo-se travado?

É possível que você tenha chegado aqui sem ter feito muitas mudanças significativas, se é que fez alguma. Se esse for o seu caso, você deve ter se deparado com a FERA:

Fusão
Excesso de expectativas
Rejeição ao desconforto
Afastamento de seus valores

Caso esteja se sentindo travado ou adiando ações, dedique alguns segundos à identificação do que está interferindo e pense numa forma de solucionar o problema. Se for a fusão com pensamentos inúteis, aplique as habilidades de desfusão. Se suas expectativas forem irreais, decomponha as metas em passos menores, se conceda mais tempo e se permita cometer erros. Se estiver evitando sentimentos desconfortáveis, como medo e ansiedade, ponha em prática as habilidades de expansão e desenvolva a predisposição. Se estiver distanciado dos seus valores, continue se perguntando o que realmente importa para você, o que é realmente relevante, no fundo do seu coração, quem você quer ser, o que deseja de verdade.

Caso não se sinta muito seguro, releia os capítulos mais importantes. Este livro não deve ser lido uma vez só e integrado por completo à sua vida. Este deve ser um livro de referência. Sempre que precisar, volte aos capítulos importantes. Se leu o livro todo sem fazer os exercícios, agora é a hora de voltar e fazê-los de verdade!

Aplicação da TAC a diferentes contextos

Seja o que estiver desagradando você — saúde, trabalho, amigos, família, relacionamentos — a TAC o ajudará. Envolva-se inteiramente no que estiver fazendo, seja o que for. Esteja presente, seja com quem for. Ao surgirem pensamentos inúteis, recorra à desfusão. Ao aparecerem sentimentos desagradáveis, crie espaço para eles. Sejam quais forem os seus valores, mantenha-se fiel.

A utilização dos seis princípios básicos da TAC ajuda a enfrentar o Desafio da Serenidade: "Concedei-me serenidade para aceitar as coisas que não posso modificar, coragem para modificar aquelas que posso, e sabedoria para perceber a diferença." Se seus problemas *puderem* ser resolvidos, empreenda uma ação eficaz, com base em seus valores. Se *não puderem*, utilize a desfusão e a expansão para aceitá-los. Quanto mais consciência trouxer para a experiência, mais condições terá de discernir.

Por mais problemática que seja a sua situação, só existem dois cursos sensatos de ação:

1. Aceitá-la.
2. Melhorá-la.

Obviamente, às vezes a única forma de melhorar uma situação é deixá-la de lado. Contudo, se não puder abandoná-la e não existir possibilidade de ação *imediata*, a única opção é aceitá-la até que uma medida eficaz seja possível.

Concentre-se naquilo que está sob seu controle

Seja lá o que resolver fazer, obterá melhores resultados ao se concentrar naquilo que está sob seu controle. Portanto, o que *está* sob seu controle? Principalmente suas ações e sua atenção. Você *pode* controlar suas ações, a despeito daquilo que seus pensamentos e sentimentos digam (enquanto estiver consciente de sua experiência interna e focar no que está fazendo). E você *pode* controlar o foco da sua atenção, ou seja, aquilo em que se concentra.

Além disso, você não tem muito controle. Por exemplo:

- Você tem pouco controle sobre sentimentos, pensamentos, lembranças, ímpetos e sensações — e quanto mais intensos forem, menor será o seu controle.
- Você não tem controle sobre outras pessoas. Você pode *influenciar* os outros, é claro, mas apenas por meio de ações. Portanto, as pessoas não estarão *diretamente* sob seu controle. Mesmo se pusesse uma arma na cabeça de alguém, não poderia controlá-lo porque ainda assim ele poderia optar pela morte.
- Você não tem controle sobre o mundo à sua volta. Você pode interagir e transformar o mundo, mas *apenas por meio de ações*.

Logo, faz sentido canalizar sua energia para a ação e a atenção. Faça o que tem valor para você. Envolva-se inteiramente no que faz. Preste atenção ao efeito das suas ações. Lembre-se: sempre que agir de acordo com os seus valores, não importa o tamanho da ação, estará contribuindo para uma vida rica e significativa.

Até onde conseguiu ir?

O propósito deste livro é ajudá-lo a escapar da armadilha da felicidade e a viver uma vida plena e significativa, em vez de fundamentar a existência na busca por sentimentos "bons" e na rejeição aos "ruins". É claro que, no decorrer de toda uma vida humana, experimenta-se toda uma gama de sentimentos. Você sentirá desde alegria e amor até medo e raiva e estará predisposto a criar espaço para todos eles.

Então, até onde conseguiu chegar? Ainda se vê preso na armadilha da felicidade com muita frequência? Se quiser mesmo saber, tente o seguinte. Volte ao final do capítulo 1 e responda novamente ao questionário de Controle dos pensamentos e sentimentos (página 31). Compare a pontuação de agora com a obtida quando começou a ler o livro. Se tiver diminuído seu número, você está no caminho certo. Se não, ainda assim aprendeu algo de valor: embora possa ter desenvolvido ideias úteis, você ainda não as aplicou à vida de forma eficaz. Se este for o caso, não se preocupe; só pratique mais.

Há um antigo provérbio oriental que diz: "Se não escolher para onde quer ir, qualquer direção serve." Uma vida significativa requer direção, e os seus valores estão aí, no seu coração, para isso. Portanto, conecte-se a eles, porque serão o seu mapa. Cultive um propósito. Estabeleça metas significativas e corra atrás delas com garra. Ao mesmo tempo, não deixe de apreciar o que tem hoje. Isso importa porque o agora é o único tempo que você realmente tem. O passado não existe, é só um conjunto de lembranças. O futuro não existe, é só um conjunto de pensamentos e imagens. O único tempo é este momento. Portanto, faça o seu melhor. Repare no que está acontecendo. Aprecie o presente em sua totalidade.

E lembre-se: a vida faz mais por aqueles que fazem da vida o melhor.

Agradecimentos

Não há palavras que expressem adequadamente a enorme gratidão que sinto por Steven Hayes, o criador da Terapia de Aceitação e Comprometimento (TAC), pelo grande presente que me ofereceu, assim como à minha família, a meus pacientes e ao mundo. Sou também agradecido à grande comunidade da TAC, por todos os conselhos, experiências e informações gratuitamente compartilhados em seminários, conferências e pela internet. Sou particularmente grato a Kelly Wilson e Hank Robb, a cujos *insights* e intervenções muitas vezes recorri, e também a todos os colegas da comunidade TAC que me ofereceram informações e conselhos em vários estágios da produção: Jim Marchman, Joe Ciarrochi, Joe Parsons, Sonja Batten, Julian McNally e Graham Taylor.

Gostaria de agradecer em particular ao meu irmão, Genghis, que, como sempre, foi uma fonte inesgotável de conselhos, de força e de estímulo, especialmente quando pensei em desistir por completo. Também gostaria de agradecer à minha família e a todos os amigos que me ajudaram lendo o livro, ou parte dele, e oferecendo sua opinião: Johnny Watson, Margaret Denman, Paul Dawson, Fred Wallace e Kath Koning. Agradecimentos especiais à minha mãe e à minha esposa. Ambas ajudaram na digitação de grandes blocos de texto: tarefa nada fácil para quem trabalha com garranchos como os meus.

Gostaria de dirigir um agradecimento especial a Carmel, por todas as informações e opiniões oferecidas durante a elaboração do texto, assim como pelo apoio constante, e por sua disposição para aguentar meus períodos prolongados de exílio junto ao computador.

Obrigado, de coração, aos quatro editores que trabalharam comigo nas várias etapas: Xavier Waterkeyn, que ajudou demais com os primeiros capítulos e também sugeriu o título do livro; Michael Carr, que fez a maior parte do "trabalho pesado" e me ensinou muito; Monica Berton, que "enxugou" o texto e deu à edição australiana sua forma final; e Eden Steinberg, cuja experiência, percepção e conhecimento pessoal do material foram preciosos quando refizemos o livro para o mercado norte-americano. É claro, sou especialmente grato a todos da Constable & Robinson, que trabalhou para valer na produção deste livro. Cabem ainda muitos agradecimentos a Gareth e Penny St. John Thomas, por colocar o livro nas mãos competentes da equipe da editora.

Por último, mas não menos importante, um grande obrigado à colunista e escritora Martha Beck. Seu artigo sobre a TAC na *O: The Oprah Magazine* foi minha principal fonte de inspiração, ao me mostrar como seus conceitos complexos da TAC podiam ser colocados numa linguagem simples e acessível.

Sugestões para tempos de crise

Sempre que encaramos uma crise nos sentimos em meio a uma tempestade de pensamentos e sentimentos difíceis. Se queremos agir com eficácia, não podemos permitir que a tempestade nos arraste. A primeira atitude a tomar é "lançar âncora". Em outras palavras, precisamos nos fixar no presente. Feito isso, podemos considerar as opções à frente.

O primeiro passo é se conectar com o ambiente: repare em cinco objetos que consiga ver, cinco sons que consiga ouvir e cinco sensações que tenha ao tocar sua pele. Empurre os pés contra o piso e ganhe noção do chão embaixo de você. Sinta o seu apoio. Depois, pratique o exercício Respirar para Conectar da página 177.

Fixado no presente, continue respirando conscientemente, usando a respiração como âncora até que a tempestade emocional comece a passar.

Em seguida, por alguns momentos, rastreie seu corpo e repare no que está sentindo. Encontre o sentimento mais doloroso e o observe, respire através dele, expanda-se ao redor dele e permita que exista, como nos exercícios de expansão no capítulo 13, páginas 129-132.

Depois disso, dê um passo para trás e repare em todos os pensamentos em tormenta na sua cabeça. Veja se consegue dar um nome à história que eles contam, como ensino na página 64.

Finalmente, reconheça: "Ok, neste exato momento eu estou aqui, e é isto que está acontecendo. A crise que tenho de administrar é ____________ (complete a lacuna). Os sentimentos que sinto agora são A, B, C. Os pensamentos, D, E, F. As decisões que posso tomar, G, H, I."

Volte, repetidas vezes, a esses passos básicos, usando-os novamente até que a crise se resolva. Lembre-se: toda crise, por mais dolorosa que seja, é uma oportunidade para crescer, para expandir sua flexibilidade psicológica. Então, quando tiver um momento, se pergunte como pode crescer com isso ou o que pode aprender. Que habilidades, conhecimento ou força de caráter pode desenvolver?

Leituras complementares

Frankl, Viktor. *Em busca de sentido: um psicólogo no campo de concentração*. Petrópolis: Editora Vozes, 2008.

Hayes, Steven and Smith, Spencer. *Get Out of Your Mind and Into Your Life: The New Acceptance and Commitment Therapy*. Oakland, Calif.: New Harbinger Publications, 2005.

Kabat-Zinn, Jon. *Wherever You Go, There You Are: Mindfulness, Meditation in Everyday Life*. New York: Hyperion, 1994.

Este livro foi composto em fonte IowanOldSt BT
e impresso pela Ediouro Gráfica sobre papel pólen soft 70g/m²
para a Agir em janeiro de 2011.